言いがかり国家「韓国」を黙らせる本

宮越秀雄

彩図社

文庫本出版にあたって

『言いがかり国家「韓国」を黙らせる本』の単行本を出版して約3年、おかげさまで好評をいただきましたが、韓国の反日運動はますますひどくなり、もはや外交の国際通念からも常識からも逸脱しつつあります。

1965年に締結された日韓基本条約を無視する新日鉄や三菱重工の徴用工に損害賠償を命じる高裁の判決しかり、対馬の仏像問題しかり、慰安婦問題に対する日韓合意の見直し発言しかり、国際条約である「領事館に対するウィーン条約59条、外交関係に関するウィーン条約22条2項」に明確に違反している大使館や領事館前の慰安婦像設置問題しかり……。

ここまで来るとさすがに国際社会も韓国の異常さに気が付き始めているようです。そもそも外交合意というものは、「お互いの国民感情や都合を言い出したらきりがないのでそこは国家間でけりをつけ以降はその問題には触れずに未来志向で行きましょう」というのが原則ですが、それをいまさら新大統領までが「国民感情が許さないから」と蒸し返すようでは、世界があきれるのも無理はありません。

韓国は日韓併合以来、日本の金融、技術、国際信用、その他（資本主義の発達に不可欠な勤勉・正直・ファクト主義などのメンタル面を含めて）の有形無形の支援で工業先進国としてそれなりの発展を遂げてきましたが、李明博の竹島上陸を皮切りに火が大きくなった反日ムーブメントの影響は、その近代化に不可欠な日本からもたらされた全ての財産を食いつぶしつつあります。反日政策が韓国政府にとって利益になるものは時の政権の刹那的な求心力維持以外には何一つありません。

ここ数年で韓国の情勢は内政、外交、安保、国際信用・経済等、悪化の一途をたどっています。時の政権もこれらの国内外の悲惨な状況の打開策を見いだせない以上、反日を掲げないと立ち行かないという事情がありますが、外交を内政に利用するという禁じ手に一度踏み込んだ反日姿勢はもう後戻りはできません。

結果、ますます外交、経済、内政において追い詰められていきます。そのため政府の求心力を保つには、ますます反日をするしか手がなく、その結果が国民をさらに反日に仕立て上げ、そこで醸成された国民の反日感情が政府をまた反日に追い詰める、という負のスパイラルになすすべがなくなっているようにしか見えません。

一度踏み込んだ禁断のこの道は親北反日を掲げて大統領になった文在寅《ムンジェイン》政権でも加速する以外の策はありません。新大統領の発言を見ていると韓国の健全発展の道を自ら断った感じさえします。

新政権が蒸し返そうとしている「日韓合意」について、日本のとるべき唯一の態度は、韓国に対して「日韓合意の確実な履行を求める」のみを繰り返しそれ以上のことは一切言わないこと、国際社会に対しては、慰安婦問題の事実とそれに対応してきた今までの日本の行動の事実を根気よく丁寧に説明していくことです。

間違っても「日本にも反省すべき点はあるが」などとは言わないことです。この語法は、相手を追い詰めず、思いやり精神がある日本人の美質というべき優れたヒューマンスキルですが日本人同士以外には機能せず、世界では、まして韓国には絶対に通じません。そんなことを言えばその部分だけを取り出して「日本も悪かったといっているではないか」となります。

慰安婦問題を大きくした朝日新聞でさえ、根拠となる故吉田清治氏の証言はねつ造であったと明言していますから日本側の裏付けは盤石です。今後、新規慰安婦像の設置や日韓合意破棄の動きがあればむしろそれを機会として反論を発信すべきです。

悲惨な状況にある韓国に対して日本は、内政、外交、経済、財政、内外の純資産、貿易収支、産業技術、平均寿命、犯罪発生率、日本および日本人に対する評価等、世界でも上位にランクしています。

国際的地位においてもサミットやG7などで存在感を発揮しています。シチリアG7では7か国中、米、英、仏、伊が初参加で、長期政権である安倍首相は場慣れもしていて他の初参加メンバー間の橋渡しなどをしただけでなく、伊勢サミットでもフランスG7でもリーダー的な存在になっています。私の記憶では初めてのことです。

儒教思想や中華思想に骨がらみでとらわれている韓国からみると、本来格下であるはずの日本があらゆる面において自国の上を行っていることが許せません。

その歪んだ意識からくるやっかみと憎しみが、ますます強くなることは想像に難くありません。まさに韓国は自らが選んだ未来のない道（自壊への道）へまっしぐらという状況です。

それでなくても文在寅大統領がラブコールを送っている北朝鮮からは無視され、中国への遠慮と国内親北・親中勢力への遠慮からか韓国の安全保障について喫緊の課題であるTHAADミサイル追加配備に対する煮え切らない態度に米軍との信頼関係にも影が差し始めています。

このような韓国の現状では安保面、金融面、経済面、内政面でいつ不測の事態が起こらぬとも限りません。日本の取るべき立場は、韓国で何があっても、混乱のとばっちりを受けないために政治的には「敬して遠ざける」のが最良の策でしょう。

本書では、「従軍慰安婦問題」「竹島問題」「靖国神社問題」「旭日旗問題」「戦後補償問題」など、頻繁に耳にする韓国の主張に対して、どのように反証すればよいのかを解説していきます。

執筆にあたってはなるべく感情を排し、証拠に基づいた内容になるよう心がけました。また、主張を裏打ちするものとして、国際法の根拠となる両国間の条約などを極力記すようにしました。また、本書の後半では、なぜ韓国が反日行動をとり続けなければならないのかといった裏事情の解説や、今後どのように付き合っていけばよいのかという考察も行っています。

本書を読むことで韓国の言いがかりのような主張に対して、毅然とした態度で反論できるようになっていただければ幸いです。

文庫本出版にあたっては近年の日韓関係の新トピックスなどを加筆しアップデートした内容に仕上げました。

２０１７年７月　宮越秀雄

言いがかり国家「韓国」を黙らせる本　目次

第1章　従軍慰安婦問題で韓国を黙らせる

第2章　竹島問題で韓国を黙らせる

第3章　靖国問題で韓国を黙らせる

第4章 日本が韓国から七奪したという「言いがかり」を黙らせる

第5章　一般朝鮮人の強制連行問題で韓国を黙らせる

第6章　戦後処理問題で韓国を黙らせる

第7章　近年になって出てきた「言いがかり」の数々

第8章　韓国が「言いがかり」をつけ続けざるを得ない裏事情

第9章　今後、どのように付き合っていくべきか？

第1章　従軍慰安婦問題で韓国を黙らせる

慰安婦問題の論点はたった1つ

本来、慰安婦問題についての論点はたった1つのはずです。

それは、慰安婦の募集にあたり軍による直接強制連行があったかどうかだけです。

この問題を検証するためには次の2つの事柄の理解が必要です。

①日本は法治国家であったこと。法治国家であるということは官僚国家、書類国家であるということ

②当時売春は合法で職業の1つであったということ

①の解説です。

ちなみに当時の李氏《りし》朝鮮や、清朝のような中央集権の専制国家には成文化された法律はありません。すべては貴族や官僚の思うままです。しかも統治原理は徳治国家、人治国家を理想とする儒教をもとにしていました。

徳治国家とは法律よりも為政者の意志を優先するということです。為政者が聖者ば

かりならすばらしい政治哲学ですが現実はそうはいきません。聖者ばかりでない現実の社会においては権力者の腐敗がはびこるのは当然です。

それに対して、当時の日本は法治国家でした。

1890年に施行された大日本帝国憲法が象徴するように、日本では憲法に基づく議会を通じて国の運営を行っていました。2・26事件時の対応とポツダム宣言の受諾決定時は議会が機能不全に陥ったので、議会の求めに応じて天皇が自ら聖断を下していますが、他に議会が停止したことはありません。

法治国家である以上、口約束などで国を動かしていくことはできません。法に基いて国を運営しているという証拠である書類が存在しているということになります。

書類が重視される法治国家においては、米1俵動かすのにも書類が必要です。

特に軍隊では「員数合わせ」といって理論値通り（帳簿通り）に物品の数字を合わせることが徹底されていました。それは病的なほどで、靴下一足に至るまで所定の数（員数・理論値）を揃えることになっていました。

この「員数合わせ主義」は上級軍人が形式重視の軍事官僚になっていたことを表しています。員数合わせは現場事情に合わない理不尽なものになっていたことは確かなようで、巷間多数ある下級兵士による戦争体験記には必ずと言っていいほど出てきます。

たとえば、当時ベストセラーになった、軍艦の主計者が記した『海軍めしたき物語』（高橋孟／新潮社）の中にも、「員数合わせ」の章で、洗面器1つを紛失したために何度もビンタを食ったという話が出てきます。

また、陸軍のほうに目を転じても『新兵サンよもやま物語』（富沢繁／光人社）の中にも、敷布が1枚なくなっただけで班全員が探したり全員が猛烈なビンタを食ったという話が出てきます。

軍隊の本務である戦力の強化に反するような過度な員数合わせを行うよりは、備品がなくなれば補充すればいいだけの話ですが、それだけ員数合わせは徹底されたものだったようです。下級兵士に対してもこれだけ数を合わせることに対して神経質だったことが当時の日本軍の体質でした。

これが「物」ではなく「人」になれば、その傾向が顕著になったことは想像に難くありません。

軍による直接の慰安婦徴用の命令があれば、当然ながら命令書が発行されていたはずです。そうでなければ、法治国家であり、員数合わせが徹底されていた日本において軍隊を動かすことなどができるはずがありません。

しかし、その命令書は一通も発見されていません。慰安婦問題に「物的証拠がない」

とされているのは、この点によるものです。

証拠が見つからないことへの反論として「終戦時に都合の悪い軍関係の書類はすべて焼却してしまったからだ」という発言が日本人の慰安婦擁護派からも聞こえます。終戦時、戦争関係の書類を焼却する場面は戦争を扱った映画やＴＶドラマでもおなじみのシーンです。だから慰安婦連行の証拠も残っていないと言いたいのでしょうが、その人たちは会社や役所などの組織形態での実務経験がないとしか思えません。法・契約社会の組織ではどんな指示命令でも、指示書・命令書がなければ効力を持ちません。しかも発行する指示書なり命令書が１枚だけ発行されるということは絶対にありません。関係各所に発行されます。これは日々の生活においても領収書に「控え」があることなどからもわかると思います。

軍関係の指示書・命令書ともなれば数千枚、数万枚になっているはずです。そのような書類が全部焼却されたわけではないという何よりの証拠は、戦争関係だけで数万点以上の資料が国会図書館に残っていることを見てもわかります。そのおかげで現在の我々は各戦闘局面の詳細を知ることができるのです。

それにもかかわらず強制連行を指示・命令した文書がまったく見つからないという

ことは、強制連行はないと判断するしかありません。

続いて②の解説です。

当時、売春は合法的な仕事であり商売でした。日本の農村でも泣く泣く娘を女衒に売り渡すことは珍しくありませんでした。

2・26事件の切っ掛けも、皇道派の青年将校たちが故郷の農村の娘たちが貧困のために身売りをしている境遇に対し、政商と結託した重臣たちが私利を肥やすだけではなく、政道を誤らせていると思ったところから発しています。

これは朝鮮でも同じことで、売り渡される本人が嫌だったということもあると思います。しかし、ここで重要な点は売り渡す先は日本軍ではなく女衒をしていた朝鮮人の商人であったということです。

中には朝鮮人の悪徳商人に半ば騙されるように売り飛ばされたこともあったでしょう。しかし、これらの行為は朝鮮人同士の問題であり、日本には関係がありません。

むしろ、日本政府が設置していた朝鮮総督府は朝鮮人の悪徳業者から「慰安婦の人権を守る施策」を講じています。1938年3月4日に「軍慰安所従業婦等募集に関する件」と題する命令書を発行しています。一部を抜き出しますと次のような文面になります。

「（婦女子の）募集の方法誘拐に類し警察当局に検挙取調を受くるものある等注意を要す（中略）警察当局との連携を密にし（中略）社会問題上遺漏なき様配慮（せよ）」

つまり、「不法な募集をしている悪徳業者を警察と連携して取り締まるべし」という内容です。

当時公娼制度のもと、合法的な慰安婦（売春婦）は存在していました。彼女たちは民間業者の募集広告に応募し、２００～３００円の前払い報酬を受領し、８～23名のグループに分けられて駐屯地の近くの町々に送られていきました。

生活および労働条件は、「一人１部屋」「食事は経営者が準備」「町への買い物は自由」「客を断る特権あり」などです。このあたりの事情は勝新太郎が出演している映画『兵隊やくざ』シリーズではよく考証されて描かれています。

収入は、当時の二等兵の月給が７円50銭、軍曹が30円の時代に、月平均１０００円稼ぐ者もいてかなりの高給取りであったことがうかがわれます。

つまり当時、慰安婦は割のいい商売であったということです。慰安婦募集の広告ビラには、「月収300円以上（3000円前借可）」と記されていますが、このビラの内容がすべての実態を物語っています。

また、当時の実態を示す慰安婦問題の資料としては、2013年8月7日の毎日新聞が「慰安所従業員の日記というものが発掘された」という記事を載せています。内容は朝鮮半島でなくビルマやシンガポールにおける慰安所で働いていた男性の日記です。ただしこの日記に出てくる慰安婦はその名前から朝鮮からやってきた朝鮮人であったことは明らかです。

この日記の学術的分析は現在進行中ということですが、軍や慰安婦本人の日記ではなく、慰安所の朝鮮人従業員という第三者の立場で書いたものであり、その客観性から見て証拠価値はかなり高いと言われています。内容からは以下のことが読み取れます。

・軍が慰安婦の健康管理をしていて、健康異常者は排除でなく入院治療の手配をしていること
・元慰安婦と宮本（友人？）が結婚したので知己を呼んで祝賀会を開いたなど和やかな雰囲気がうかがわれること

・慰安婦に頼まれて中央郵便局から（故郷へ？）電報を打ったり送金してあげたこと

送金額は６００円、３万２０００円、１万２０００円との記載があります。この日記は募集時の様子などが抜け落ちていますが、右の内容だけ見ても軍による強制連行の雰囲気をうかがうことはできません。

二等兵の月給７円50銭からすれば、送金額はとてつもなく高額であり、慰安婦は強制連行などしなくてもいくらでも応募者があったと推測できます。

強制連行がなかったとしても「軍は慰安所に関与していたのだから軍に責任がある」という声を聞くこともあります。

しかし、軍が慰安婦施設に関与するのは当たり前です。

大事な兵隊に変な病気でも移されたら戦力に影響します。また悪徳業者と兵隊との間でおかしなトラブルが発生したら、これも兵力にかかわります。

民間の業者が営業している慰安所に対し、治安面や衛生面で軍が管理・指導するのは当たり前のことです。それは現代において飲食店に対して行政が衛生面や労働条件などについて管理・指導することと同じです。

慰安婦を軍が強制的に連行していたという話とそれとはまったく別問題です。

すべての元凶は吉田清治の慰安婦捏造本にあった

慰安婦の軍による強制徴用があったと言い出したのは吉田清治という人物です。元軍人で戦後山口県の共産党員になった吉田清治は、自身の体験として済州島における性奴隷狩りの様子を『私の戦争犯罪―朝鮮人強制連行』（三一書房）という本にして出版しました。それを、真偽を確かめもせず大々的に報道して日韓両国民に誤った認識を植えつけたのは朝日新聞です。

吉田清治はそれだけでは飽き足らず、国内はもとより韓国にまで行って講演と謝罪を繰り返します。その結果、韓国人は吉田清治の話を真実のこととして受け止め、反日感情に火がつきます。

吉田清治の本の中身を整理すると、

・昭和一八年五月一五日、山口県労務報国会下関支部長だった吉田は、西部軍司

令部から「皇軍慰問・朝鮮人女子挺身隊二〇〇名」の動員命令を受ける
・五月一八日、吉田は部下九人をつれて済州島に上陸
・五月一九日、現地の陸軍部隊所属の武装した兵士一〇名を加えた二〇名の徴用隊は部落の民家、小川の洗濯場で女狩りをした後、城山浦のボタン工場でも強引な慰安婦狩りを行う
・五月二一日、新左面の針岳ふもとの村落にある腸詰（ソーセージ）工場で慰安婦狩り
・五月二四日、西帰浦近くの海で海女を慰安婦狩り、合計二〇五人を連行

となっています。また、本文を抜粋すると、世にもおぞましい描写がなされています。

> 兵隊のあとから隊員たちが「アイゴー」の泣き声をあげる八人の娘たちを引きずって進んだ。（中略）
> トラックに近づくと、娘たちが甲高い悲鳴を上げて暴れだした。（中略）手を振り払われた隊員が慌てて後ろから羽交い絞めにしようとして転んで草むらにおりかさなった、白い朝鮮服の胸がはだけ裾がまくれて娘は下履きの足を大きく

ばたつかせて隊員がてこずった。兵隊たちは笑い声をあげて面白がり周りに立って見物した。（中略）
「慰安婦の徴用警備は兵隊たちが役得をあてにしています。ここで三〇分休憩して兵隊たちを喜ばせてやります。」
谷曹長の小休止の号令は兵隊たちを喜ばせた。（中略）
兵隊たちが一斉に幌の中に乗り込んでいった。娘たちの悲鳴が上がると（以下略）

このような話を活字だけでなく、韓国に行ってまで講演と謝罪を繰り返せば、韓国人は本当のことだと思い、反日感情が高まるのも当然です。

しかし、歴史家の秦郁彦《はたいくひこ》氏による1992年の綿密な現地調査の結果、すべての話が捏造であることが判明しました。

秦郁彦氏の調査によると、15人が拉致されたと言われている城山村の老人たちは、250余の戸数しかないこんな狭い村で15人もの強制連行などがあれば村中大騒ぎになり誰も知らないはずはない、これは悪い日本人が金儲けのために作った嘘である、という内容の証言をしています。

また従軍慰安婦であったと名乗り出た金学順さんの事情を聴いてみると、本当は自分は貧しさのために母親に40円でキーセン（公娼）に売られたとの証言があります。金学順さん以外の元慰安婦についてもソウル大の安東直名誉教授が調査をしましたが、軍による強制連行はなかったとの結論を出しています。

しかも１９８９年４月に現地済州新聞の許記者が「慰安婦狩りは事実無根である」との記事を出しています。

しかし、この記事は中央には届かず、吉田清治の話を基にしたＴＶドラマが作られたりして韓国の若者たちに本当にあったこととして浸透していきました。すべては吉田清治の作り話から始まったことだったのです。

河野談話という最大の愚行

その後、この問題が大きくこじれてしまった原因になった最大の出来事が起こります。済州新聞の発表から４年後、秦郁彦氏の調査発表から1年後の、１９９３年に「河野談話」が発表されます。

このことで日本は、従軍慰安婦の強制連行を事実上追認したことになり、捏造が事実として固定化し、独り歩きをすることになりました。

河野談話の全文は以下の通りです。

慰安婦関係調査結果発表に関する河野内閣官房長官談話（平成5年8月4日）

いわゆる従軍慰安婦問題については、政府は、一昨年12月より、調査を進めて来たが、今般その結果がまとまったので発表することとした。

今次調査の結果、長期に、かつ広範な地域にわたって慰安所が設置され、数多くの慰安婦が存在したことが認められた。

慰安所は、当時の軍当局の要請により設営されたものであり、慰安所の設置、管理および慰安婦の移送については、旧日本軍が直接あるいは間接にこれに関与した。慰安婦の募集については、軍の要請を受けた業者が主としてこれに当たったが、その場合も、甘言、強圧による等、本人たちの意思に反して集められた事例が数多くあり、更に、官憲等が直接これに加担したこともあったことが明らかになった。また、慰安所における生活は、強制的な状況の下での痛ましいものであった。

なお、戦地に移送された慰安婦の出身地については、日本を別とすれば、朝鮮半島が大きな比重を占めていたが、当時の朝鮮半島は我が国の統治下にあり、その募集、移送、管理等も、甘言、強圧による等、総じて本人たちの意思に反して行われた。

いずれにしても、本件は、当時の軍の関与の下に、多数の女性の名誉と尊厳を深く傷つけた問題である。政府は、この機会に、改めて、その出身地のいかんを問わず、いわゆる従軍慰安婦として数多の苦痛を経験され、心身にわたり癒しがたい傷を負われたすべての方々に対し心からお詫びと反省の気持ちを申し上げる。また、そのような気持ちを我が国としてどのように表すかということについては、有識者のご意見なども徴しつつ、今後とも真剣に検討すべきものと考える。

われわれはこのような歴史の真実を回避することなく、むしろこれを歴史の教訓として直視していきたい。われわれは、歴史研究、歴史教育を通じて、このような問題を永く記憶にとどめ、同じ過ちを決して繰り返さないという固い決意を改めて表明する。

なお、本問題については、本邦において訴訟が提起されており、また、国際的にも関心が寄せられており、政府としても、今後とも、民間の研究を含め、十分に関心を払って参りたい。

当時官房長官だった河野洋平が、軍による強制連行を否定すれば韓国から反発され、強制連行を認めれば日本国内から突き上げを食うという立場にあったことは認めます。そこで一見矛盾するこの問題を切り抜けるために発表したのが、この奇術的（ペテンと言ってもいい）な河野談話です。

奇術的というのは、強制連行を肯定する前提に立てばそのように読め、逆の前提に立てば、軍による強制連行はなかったというふうに読めるということです。しかし、このような形でとにかく一度謝罪をすれば、この問題は解決すると考えたことは、極めて甘い判断であったことはその後の日韓関係が物語っています。

太字部分が奇術の種の部分です。

慰安所は、当時の①**軍当局の要請**により設営されたものであり、慰安所の設置、管理および慰安婦の移送については、②**旧日本軍が直接あるいは間接にこれに関与**した。慰安婦の募集については、③**軍の要請を受けた業者が主としてこれに当たっ**たが、その場合も、甘言、強圧による等、本人たちの意思に反して集められた事例が数多くあり、更に、④**官憲等が直接これに加担した**こともあったことが明らかになった。また、慰安所における生活は、⑤**強制的な状況**の下での痛ましいものであった。（中略）⑥**総じて本人たちの意思に反して**行われた。

これを強制連行肯定派から見れば、

①③軍当局の要請とは事実上の軍の命令である
②日本軍がかかわったと書いてある
④官憲が直接加担したと認めている
⑤ここでも強制と表現している
⑥「本人たちの意思に反して」とは、日本軍の強制があったと同義である
⑥「総じて」とあり、ほとんど全部強制であったと認めている

となり、日本軍の強制連行を官房長官の河野洋平が認めたという解釈になります。

一方、強制連行否定の立場から見れば、

①③軍は要請しただけであり、募集の主体は業者であると言っている
②日本軍がかかわったのは募集でなく、慰安所の設置、管理、輸送のみである。

これは大事な兵隊を性病から守ったり業者とのトラブルを避けるためにかかわったという意味で、軍としては当然の行動である
④直接加担したというのはジャワ島において、不心得な日本兵が私利のためにオランダ女性を慰安業者に売りとばした例を出したまでであり、朝鮮半島とは無関係である（ジャワ島の事例は後に連合軍によって裁かれ懲役・死刑の判決を受けた。これは不心得者の犯罪であり軍の意思とは無関係）
⑥「本人の意思に反して」とは、本人は嫌であっても貧困ゆえに身を売ったということであり、これは日本の東北地方でもよくあった話である
⑥「総じて」は100％という意味でなく、おおよそそのような状況であったということであり、全部が全部という意味ではない（つまり自発的な職業としての慰安婦も少なからずいた）

と読めます。

ジャワ島の不心得者の犯罪を朝鮮半島の慰安婦の話の中に入れる（東外務審議官が西岡力氏の質問に対して回答証言）ことは許せない詐欺行為ですが、その他の箇所では苦心の跡がうかがわれます。

しかし、このように双方に良い顔をするような文書にはやはり無理があり、この談話が今日に至るまで日韓双方の喉仏に刺さった骨のようになっています。

しかもこの問題に詳しくない国際社会がこの談話をさらっと読めば、軍による強制連行があったと解釈されることでしょう。行間を読めばわかってくれるなどという曖昧な表現は日本社会でしか通じません。

世界各国に対する韓国のロビー活動により、世界的に誤解が広まっているのが現状です。特に韓国のアメリカでのロビー活動は功を奏しつつあり、2007年アメリカ議会に慰安婦に対する謝罪要求決議案を通過させたマイク・ホンダ議員は強制連行の証拠として河野談話を挙げているほどです。

この誤解を解くためには、河野洋平本人による公式の訂正謝罪が一番有効ですが現状では望むべくもありません。それができないというのなら、せめて河野談話を正式に破棄すればよいのです。

国会決議ではなく談話というものはその名の通り談話ですから、法的拘束力は国内的にも国際的にもありません。河野が河野の私的見解を述べただけです。

その後調べた結果、河野談話は誤りであったということを事実関係を揃えて発表すればすむことです。

そもそも、慰安婦問題は２００７年の閣議決定において「軍による強制の証拠はなかった」とする政府見解がなされています。

正確には２００７年3月16日の閣議において辻元清美議員の質問に答える形で「政府が発見した資料の中には、軍や官憲によるいわゆる強制連行を直接示すような記述も見当たらなかったとする答弁書を閣議として決定した」ということです。

これで国内的にも国際的にも日本政府の公式意志として河野談話は完全に否定されているのですから、その後、歴代首相が「河野談話を継承する」としているのは、ただ韓国の反発を恐れて取り繕っているだけです。

談話と閣議決定とでは重みがまったく違います。閣議決定こそが日本政府としての公式意志表明のはずです。もし河野談話を破棄するという声明に差し障りがあるならば、以降は河野談話は無視し「日本政府の見解は２００７年の閣議決定である」ということだけをシンプルに繰り返せばよいのです。

河野談話を見直すのは日韓関係が悪くなっている時がチャンスです。戦後、日韓関係が良かったことはほとんどありませんでしたが、日韓関係がそれほどギクシャクしていない時期にそれをやれば、先に論争をふっかけてきたのは日本ということになります。

その意味では、韓国の李明博元大統領が竹島に上陸した2012年8月以降の時期が絶好の機会でした。

それにもかかわらず、現在の安倍政権でも2013年5月7日に菅官房長官が慰安婦問題を外交問題にしないという名分のもとに河野談話は見直さないという見解を発表しています。河野談話を見直すと言えば韓国は激怒するでしょうが、それに対して日本は事実関係を整理して国際社会に訴えればいいのです。

韓国が理不尽な理由で反発すれば国際社会の注目が集まり、日本は有利になります。国際社会の中でも韓国の言い分に同調する意見も出てくるでしょうが、そんなものにひるむことなく日本の主張を発信するべきです。

ズサンすぎる調査が明らかになった

その後、河野談話に新しい動きがありました。2013年10月16日の産経新聞が以下の記事を掲載しました。

元慰安婦報告書、ずさん調査浮き彫り　慰安所ない場所で「働いた」など証言曖昧　河野談話の根拠崩れる

産経新聞は15日、慰安婦募集の強制性を認めた平成5年8月の「河野洋平官房長官談話」の根拠となった、韓国での元慰安婦16人の聞き取り調査報告書を入手した。証言の事実関係はあいまいで別の機会での発言との食い違いも目立つほか、氏名や生年すら不正確な例もあり、歴史資料としては通用しない内容だった。（中略）

産経新聞が今回入手した報告書はA4判13枚で、調査対象の16人が慰安婦となった理由や経緯、慰安所での体験などが記されている。だまされたり、無理やり連れて行かされたりして客を取らされるなどの悲惨な境遇が描写されている。

しかし、資料としての信頼性は薄い。当時、朝鮮半島では戸籍制度が整備されていたにもかかわらず、報告書で元慰安婦の生年月日が記載されているのは半数の8人で空欄が6人いた。やはり朝鮮半島で重視される出身地についても、大半の13人が不明・不詳となっている。

肝心の氏名に関しても、「呂」と名字だけのものや「白粉」と不完全なもの、「カン」

などと漢字不明のものもある。また、同一人物が複数の名前を使い分けているか、調査官が名前を記載ミスしたとみられる箇所も存在する。

　大阪、熊本、台湾など戦地ではなく、一般の娼館はあっても慰安所はなかった地域で働いたとの証言もある。元慰安婦が台湾中西部の地名「彰化」と話した部分を日本側が「娼家」と勘違いして報告書に記述している部分もあった。

　また、聞き取り調査対象の元慰安婦の人選にも疑義が残る。調査には、日本での慰安婦賠償訴訟を起こした原告5人が含まれていたが、訴状と聞き取り調査での証言は必ずしも一致せず二転三転している。

　日本側の聞き取り調査に先立ち、韓国の安秉直ソウル大教授（当時）が中心となって4年に行った元慰安婦への聞き取り調査では、連絡可能な40人余に5～6回面会した結果、「証言者が意図的に事実を歪曲していると思われるケース」（安氏）があったため、採用したのは19人だった。

　政府の聞き取り調査は、韓国側の調査で不採用となった元慰安婦も複数対象としている可能性が高いが、政府は裏付け調査や確認作業は一切行っていない。


河野談話の根拠となる調査に疑問符がつくことは以前から指摘されていましたが、

その内容が開示されていなかったため、検証することができませんでした。それを産経新聞が入手し、その調査の問題点を改めて指摘した形になりました。

今後、資料に基づいた更なる研究が待たれるところですが、河野談話の正当性が根底から揺らいでいることは間違いありません。

韓国と売春の切っても切れない関係

それにしてもです。

さまざまな事情があるにせよ、過去に自国の婦人が外国軍隊相手の売春婦であったなどということは本人にとってもその国にとっても大きな恥辱で、できれば秘密にしておきたいと考えるのが普通の感覚でしょう。それをあえてマスコミに顔をさらして全世界に訴えたり、日本大使館の前やアメリカなどに慰安婦の銅像を建てることを政府が黙認するなどという神経は理解しがたいものがあります。

これは韓国の売春に対する特殊なメンタリティが関係していると思われます。

1961年に韓国政府が「性売買行為等防止法」を制定した時には1000人に及ぶ売春婦が制定法の撤回を求めてデモを行っています。さらに、2004年に韓国で施行された「性売買特別法」でもそれに反対する売春婦が市中デモを行っています。２０１１年には米国務省は世界の人身売買の実態をまとめたアニュアルレポートで「韓国は世界の売春女性の供給国である」と認定していますし、２０１２年には摘発された40代の売春婦が、性売買特別法は憲法上の過剰禁止原則に違反しているとして違憲審判申請を行っています。

韓国以外の国で、売春婦が仕事（売春）を求めて市中デモをしたり、売春防止法の撤廃を求めて訴えるという話は寡聞にして私は知りません。

現在のように職業選択の自由がある時代においてもこの状態です。

併合当時の貧しい時代にあっては、以上のような貞操観念を持っている朝鮮人にとって売春は割のいい商売だと考えられていたとしても不思議ではありません。

韓国の言いがかりにはこう答える

法的なことに目を向ければ、１９６５年に結ばれた「日韓基本条約」及び「日韓請求権並びに経済協力協定」において慰安婦問題のみならず、「１９４５年8月15日以前の事由に関しては完全かつ最終的に解決」しています。

しかし、人のいい日本は、日韓基本条約の中には慰安婦に関する補償が含まれていなかったとする韓国の要求に応えるために、民間資金による「財団法人女性のためのアジア平和国民基金」（通称「アジア女性基金」）を１９９５年に発足させ、２００７年に終了するまで元慰安婦への支援を続けてきました。

さらには２０１５年12月28日の日韓外相会談において以下の内容で完全に合意しています。

岸田外相の発表要旨

①日本政府は慰安婦の問題は当時の軍の関与の下に多数の女性の名誉と尊厳を傷つけた事を深く反省

②その問題について日本政府は責任を痛感

③内閣総理大臣として改めて慰安婦として幾多の苦痛を経験され、心身に渡る癒やしがたい傷を負われたすべての方々に、心からお詫びと反省の気持ちを表明する

④日本政府は元慰安婦の傷を癒やす対策として、韓国政府が設立する元慰安婦支援への基金として、一括で10億円を提供する

⑤今回の発表によりこの問題が最終かつ不可逆的に解決されたものと確認する

⑥日韓両政府は以降は国際社会において、本問題について互いに批判非難することを控える

尹《ユン》外交部長官の発表要旨

①韓国政府は日本政府の表明を評価し日本政府が表明した措置が着実に実施されるとの前提でこの問題が確実に最終かつ不可逆的に解決されることを確認する

②韓国政府は日本政府が日本大使館前の少女像に対し公館の安寧と威厳の維持の観点から懸念されていることを認知し、関係団体との協議等を通じてこの問題が適切に解決されるよう努力する

③日韓両政府は以降は国際社会において、本問題について互いに批判非難することを控える

これに対して日本政府はすでに10億円を支払い済で、その基金により生存慰安婦49人中29人に1人当たり約1000万円が支払われています。2015年の日韓合意はアメリカや国連も歓迎の意を表していますが、韓国側は大使館前の像を撤去するどこ

ろか釜山領事館前にも新設、その他、海外の韓国人により新たな像を増設する動きも活発になっています。

延々と言いがかりを続ける韓国に対しては以下のことを繰り返せばいいでしょう。

①日本軍による直接強制連行の事実はない
②河野談話は閣議決定されたものではなく、法的拘束力のない談話である。また、根拠となる調査自体がズサンであり、信憑性は乏しい
③「日韓請求権並びに経済協力協定」において「朝鮮半島への遺留資産の放棄戦後補償、ODAなどの経済技術援助を約束することで1945年8月15日以前の事由に関しては完全かつ最終的に解決した」となっており、国際法的に決着している
④アジア女性基金の開設により政治的にも決着した
⑤1998年に行われた金大中・小渕会談で「20世紀のことは21世紀には持ち越さない」という申し出が金大中からあったことで信義的にも決着がついている
⑥2015年の日韓合意にてこの問題は最終かつ不可逆的に解決されることを日韓両政府は確認し、日本側は合意通り10億円を支払っている

この誰も否定できない事実をシンプルに繰り返すだけで充分です。韓国から反論があればそれをチャンスととらえて国際社会に向かって再反論していけばよいでしょう。厳然とした事実の前に騒げば騒ぐほど韓国政府は自国民に事実を知らせることになり、国際世論に対しても不利になります。

第2章　竹島問題で韓国を黙らせる

竹島の島そのものとしての価値は低い

竹島は鬱陵島《ウルルン》と隠岐の島の間にある小さな岩だけの不毛の島です。しかし、現在は韓国が不法占拠を続け、韓国では独島《ドクト》という名前で呼ばれています。経済価値はたいしたものではありませんが、領土ということになると日本も一歩も引くことができないことには論をまちません。

この問題を作ったのは韓国初代大統領の李承晩《イスンマン》です。

1951年のサンフランシスコ平和条約において、竹島は日本領であると国際的に承認されたにもかかわらず、1952年に国際条約を無視して李承晩ラインなるものを作りました。以降、韓国による竹島の不法占拠が始まり今日に至っています。

この日韓両国の喉元に突き刺さった小さな骨が、日韓両国の争いと憎しみの連鎖を生み続けています。

隣国である日韓の経済交流や文化交流、もろもろの友好交流の価値から比べれば島としての竹島の価値は非常に小さなものであるにもかかわらずです。

この客観的な竹島の評価は日韓双方からあがったこともあります。

1965年、朴正熙《パクチョンヒ》大統領がアメリカのラスク国務長官との対談中に「小さなことだとはいえ、腹が立つ問題の一つが竹島問題、いっそ爆破してしまいたい」という発言をし、1962年に行われた日韓の折衝では、伊関佑二郎アジア局長が「竹島は無価値だ。日比谷公園と同じくらいの大きさなら爆破してしまえば問題はなくなる」という発言をしています。

この朴正熙大統領の発言が日本寄りであり、韓国の国益を損なうということで、娘の朴槿恵前大統領も大統領時代にはなにかに付け、野党の攻撃を受けていました。彼女の過度な反日姿勢の一端の原因は、父親の親日イメージの払拭の意味合いもあったと思われます。

ちなみに朴正熙元大統領は、日本国籍（日本名・高木正雄）で満州国陸軍士官学校卒業後、日本の陸軍士官学校を優秀な成績で卒業し、終戦時は中尉にまで出世したことも、反朴の韓国人にとっては格好の攻撃材料になったのでしょう。

戦後60年が経った2005年には親日人名辞典編集委員会の親日人名リストにも記載されました。娘の朴槿恵がそのイメージ払拭に過剰なくらいに反応したのは法よりも国民感情が支配する韓国人としては自然な行動といえます。

しかし、韓国が日本の領土である竹島を不法占拠し続けているという事実に対しては、日本は一歩も引くことはできません。

国家の主権とは突き詰めて言えば、領土・領海に対する支配権です。外交という修羅場において国益の主張よりも友好を重視する日本の政治家や外交官僚たちにはこの国際法上の主権の認識と覚悟が弱いようにしか見えません。

主権護持の意識が薄い国は間違いなく国際社会の侮りを受けます。日本が韓国や中国から学ぶものがあるとしたら官民挙げての領土に対する不動の執着心です。「寸土を護れないものは全土を失う」との格言にもあるように、日本は竹島を取り返すまで正当性を主張し続けることしか道はありません。その覚悟を示す手始めはまず「竹島は韓国による実効支配」という言葉をやめ「韓国による不法占拠」と呼ぶことです。

この問題の根深さは、韓国の一般市民も竹島は韓国領だと本気で思っていることです。

尖閣諸島に対する中国市民もまったく同じで、純粋に尖閣諸島は中国の領土だと固く信じています。これはテレビなどで報道される韓国市民や中国市民の表情を見てもわかります。

それにもかかわらず民主党政権時代に日本政府が報道で発信していた内容は「歴史

的にも国際的にも、地理的にも我が国固有の領土である」と言っているのみです。この表現は中国や韓国も自国内の報道で「歴史的にも国際的にも地理的にも我が国固有の領土である」と言っているようにまったく同じで芸がなさすぎます。

ただし、自民党政権になってからは外務省の広報でも「竹島は韓国の不法占拠である」と明記し、歴史的経緯にも触れ、かつ動画などで世界に発信するようにはなりました。その意味では一歩前進といえます。

情報発信は相手の国民と国際世論に説明するつもりで

韓国・中国の指導者は日本に不当要求を突きつける際に、耳を半分後ろにいる自国民に向けており、自国民の反応を気にしながら話しています。これは「反日」というカードを外交だけではなく、内政の手段としても用いている両国の特徴です。

彼らは自分たちの外交方法が自国民の支持を受けるかどうかということを最大の関心事にしています。その国民が反日に染まっていれば、日本に対し強硬姿勢を崩すことはできません。

しかし、インターネットの普及などにより、両国にも自国の政策に疑問を持つ人が若者を中心に増えてきました。日本としてはその国民に対し、実証的なデータをわかりやすく、そして一貫してぶれることなく発信していくことが重要です。

実証的なデータと言っても難しいことは必要ありません。テレビの特番や最近では国会の答弁でも使用するようになった1枚のボードで充分です。

このボードをぶら下がり記者会見であろうとなんであろうと、いつでも用意しておき、発信していくことです。テレビや新聞などでは中国・韓国では報道規制をされて届かない可能性が高いので、インターネットで全世界に発信するべきでしょう。

そうすれば、自国政府を信用していない人たちの中に「おや?」と思う人が出てくるでしょう。中国や韓国の捏造にまみれた反日教育は根深い問題であり、政府自体が改めることは簡単ではありません。そうすることで政権が危うい立場に立たされる危険性があるからです。

自浄作用が見込めない以上、外からその状況を根気強く変えていくしかありません。幼い頃から反日教育を受けて育った子どもたちの意識を変えることは容易なことではありませんが、シンプルな日本の主張を繰り返し続けていくことで、ひょっとしたら自分たちの国のほうがおかしいのではないかと思う人が増えてくる可能性はあります。

内容の説明としては、以下のもので充分でしょう。

①竹島は１９０５年の閣議決定で島根県に編入された。竹島は無主の島で国際社会からいかなる抗議もなされておらず、国際法では完全に合法である

この問題を論じるときに、両国とも古地図や古文書を持ち出します。特に韓国は、場所や名称、時代の整合性のない怪しげなものを持ち出してきますが、領土問題の本質は、領有権を宣言した時点でどこも支配していない無主の土地であることにつきます。そのときにどこからも反論の声が上がらなければ、領有を国際的に認められたということになります。

これ以外の議論はすべて蛇足です。

はるか昔の古文書などは領有権に関しては国際法的に何の価値もありません。それにもかかわらず古文書の真偽を問題にする学者がいますが、それは双方に誤ったメッセージを送ることになります。

竹島は１９０５年に島根県に編入されたとき、どこからも抗議の声が上がらなかった。よって国際法的に日本の領土である、という原則を繰り返し主張すればよいのです。

②1951年にサンフランシスコ平和条約で日本領土と認められる

ただし、日本は終戦時に、カイロ宣言を包括するポツダム宣言を受けて、他国から強圧や暴力で奪った領土を放棄しています。

しかし、竹島についてはサンフランシスコ平和条約で日本領土であると国際的に認められています。

つまり竹島は日本が武力で奪ったものではなく、日本固有の領土であることが認められたということです。

1951年、これに対し、韓国側から竹島は韓国領土とすべきという抗議がなされましたが、ラスク長官から梁大使へ対し書簡をもって「かつて竹島は朝鮮の一部として取り扱われたことが決してなく」と明快に否定されています。

③1952年の李承晩ラインによる韓国の竹島領有は無効である

1952年に韓国の李承晩大統領が竹島を含む公海上に李承晩ラインを引き、竹島領有を一方的に主張しましたが、この行為自体が国際法違反であり、これを承認した国はまったくありません。

④その後、韓国は竹島に警備隊を常駐させているが、完全な不法占拠である

李承晩ラインの一方的な設定後、1953年には竹島やその周辺で韓国人が漁業を行っていることが確認されました。

不法漁業を行っている韓国漁民に対し、海上保安庁巡視船が竹島から撤去することを求めましたが、韓国官憲によって銃撃されるという事件が起こっています。以後、韓国は竹島の不法占拠を強め、同年には福岡の漁船、第一大邦丸が韓国海軍によって銃撃・拿捕され、船長が死亡しています。

1965年に日韓基本条約が締結されるまでの間に、韓国軍は、日本漁船328隻を拿捕し、日本人44人を死傷（うち5人が死亡）させ、3929人を抑留しています。しかも漁船は全部没収されて韓国漁民に下げ渡されています。

法的根拠のない李承晩ラインの設定後、韓国が行っていることは紛れもない不法占拠であり、その結果、被害に遭った数多くの日本人がいることを忘れてはいけません。

⑤日本は平和的手段で問題解決を図るために国際司法裁判所へ提訴することを求めているが、韓国は拒否し続けている

日本は過去に、1954年9月、1962年3月、1962年11月、2012年8月の4回にわたり、領有権問題を国際司法の場で解決するため、韓国に対し、国際司法裁判所への付託を提案してきましたが、いずれも韓国側が拒否しており、実現には至っていません。

韓国による竹島領有に正当性があるならば、国際司法の場で堂々と主張をすればいいのですが、韓国側は自分たちの言い分に根拠がないことを知っているのでしょう。

これらの主張をわかりやすくボードにまとめて記者会見などでは常に同じことを繰り返せばいいのです。そもそも実効支配などという言い方をするからややこしくなるのです。堂々と不法占拠と言うべきです。

当然、韓国からは反論があると思いますが、そのときがチャンスです。相手が否定できない事実を示し続けて、反論をつぶしていけばいいのです。

竹島問題・尖閣問題はダブルスタンダードか？

国際司法裁判所への提訴については、韓国側から「日本は竹島問題は国際司法裁判所での決着を主張しているが、尖閣諸島問題については国際裁判の話はしていない。これは中国と韓国を差別するダブルスタンダードである」との批判が聞こえてきます。また、日本人の識者からも「ダブルスタンダード論」が出ています。

これには一理あります。

日本の立場は「竹島は韓国に不法占拠されているが、尖閣諸島については領土問題は存在しないから国際司法裁判所で争う必要性はまったくない」というものです。このロジックは韓国が「竹島は韓国の領土であるので領土問題は存在せず、国際裁判に持ち込む理由がない」と主張しているのとなんら異なるところはありません。

これでは国際社会に対しても説得力はありません。

尖閣諸島問題については、日本側から「尖閣諸島は日本の領土であり、領土問題は存在せずとの立場であるので日本側から国際司法裁判所に提訴することはないが、中国側が提訴するというのなら日本は堂々と受けて立つ」という声明を国際社会に向けて発信することです。

このことで尖閣諸島問題を武力ではなく平和的に解決しようとしている日本のスタンスを明確に発信することができます。

誰が見ても日本の主張の方に正当性が感じられます。

中国・韓国に対しても道理の通った日本の提案を受けないと、国際社会から非難を受けるというプレッシャーを与えることができます。

ただし、国内裁判と同じく国際裁判においても必ず正義が勝つという保証はありません。本来中立であるはずの裁判官も世論には逆らえない部分があるからです。

その意味でも領土問題については国際世論を味方につける活動が必要です。領土問題については国際世論を作るために丁寧に説明していくというロビー活動をしなければなりません。

韓国はロビー活動だけでは飽き足らず、大型輸送艦に独島という名称をつけたり、シンボルキャラクターを作ったり、Tシャツや歯ブラシなどの日用・雑貨品まで独島グッズを展開しています。これらはまったくの国内向けであり、国際的に有効な領有権の主張には何の効力もありません。

とにかく独島は韓国領であるということを、あの手この手で主張していないと心配でたまらないという風情で滑稽なカラ騒ぎと言う他ありません。カラ騒ぎであるとは言っても、これが韓国の外交の選択肢を狭めていて自らを窮地に追い込んでいることは間違いありません。

日本としては、自分たちの主張をぶれずにシンプルに繰り返し続けること、そして国際社会に向けたロビー活動に力を入れていくことが重要です。

第3章　靖国問題で韓国を黙らせる

すでに日本に戦犯は存在していない

靖国問題は特にA級戦犯の合祀が争点になります。

誤解されている人がいるので少し解説しますと、A級戦犯というのは、終戦後の1946年～1948年に行われた極東国際軍事裁判（通称「東京裁判」）において、連合国軍側が「平和に対する罪」を含む罪を犯したとして指定した人のことになります。

具体的には、太平洋戦争開戦時に首相を務めていた東条英機や日本首席全権として国際連盟を脱退した松岡洋右などが含まれる25名になります。

この他にB級・C級というものもあるため、A級は罪が重く、B級・C級は軽いという見方をされることがありますが、それは誤りです。

「A級」は「平和に対する罪」、すなわち指導者として戦争に関わった者を裁くものであり、「B級」は「通例の戦争犯罪」（従来の交戦法規違反）、「C級」は「人道に対する罪」（一般人に対する殺人や捕虜虐待など）を裁くものです。罪の重さではなく、種類によって区別されているのです。

東京裁判で宣告され、日本に戦犯が存在したのは、1948年11月4日の判決の日から1958年5月31日までの10年間だけです。

どういうことかと言いますと、1953年8月に「戦争犯罪による受刑者の赦免に関する国会決議」が社会党を含め、圧倒的多数で可決されたことで、A級戦犯は1956年3月末までに、B・C級戦犯は1958年5月末までに全員が赦免・釈放されたからです。

これには署名数4000万人（当時の日本の人口は8000万人強）という国民運動の後押しが大きな力になっています。いわば国民の総意であったわけです。これで国内法的には戦犯の罪状は消滅しました。

戦犯の名誉回復について、国民は受け入れたどころではなく、A級戦犯容疑の岸信介は総理大臣になり、懲役7年の判決を受けた重光葵は外務大臣になり、終身刑を受けた賀屋興宣は法務大臣になるなどして国政に身をささげています。

国際的にはサンフランシスコ平和条約第11条の手続きに基いて、関係11ヶ国の合意のもとに1952年をもって、東京裁判で戦犯と呼ばれた人たちの罪状の消滅と名誉回復がなされています。このことで国内法的にも国際法的にも日本には戦争犯罪者はいなくなったということになります。

そもそも犯罪者の罪状は「刑罰が終了するか死亡した時点を以って消滅する」とい

うのが近代法の国際的共通概念ですから、それ以前に処刑された人たちや獄死した人たちも罪状は消滅しています。

戦争犯罪人については「講和条約（和平条約）の効力発生と同時に特別の規定がない限り戦犯に対する判決は将来に向かって効力を失い、未決囚についてはこれを釈放しなければならないということが国際法の大原則」（第12回国会　平和条約及び日米安全保障条約特別委員会における国会答弁　昭和26年10月11日）とされています。

この国際法の原則は未来志向で国際関係を築くための極めて妥当な理念と言えます。しかし、この事実をほとんどの日本人は知りません。いまだに日本には戦犯がいると多くの人が思い込んでいるのです。この最も基本的で重要なことを学校の歴史教科書にも載せず、子どもたちにも教えていないというのは大きな問題です。

１９４８年以前にA級戦犯であった人たちを現在においても犯罪人のごとく扱うのは、近代国家として国際法の原則を知らない無知蒙昧な人であると思われても仕方がありません。

それにもかかわらず、現在の社民党をはじめ左翼系の人たちが戦犯が合祀されているからという理由で靖国参拝に反対するのはおかしな話です。

分祀するか、靖国で祀るのをやめたほうがいいという意見

また「韓国や中国が靖国に反対しているのはA級戦犯が合祀されているからであるから、それをどこかに分祀でもするか靖国で祀るのを止めたらよいではないか」との意見が政治家や著名な評論家からも出てきますが、このようなことを言う人たちは日本古来の宗教である神道というものを理解していません。

靖国神社に祀られている英霊は単なる死者の霊ではなく神として祀られています。神道における神様は現在祀られている神社からは動かすことはできません。動かすことができるのは式年遷宮のように神社ごと他の場所に移す時だけです。

では分祀すればいいのではないかという意見もありますが、分祀しても元の神様はそのまま動きません。

これはろうそくの火を他のろうそくに移しても元のろうそくの火が消えたり薄くなったりはしないのと同じことです。たとえば宇佐神宮を総本宮とする八幡宮（ご祭神は応神天皇）の場合、全国2万5000社（石清水八幡宮、鶴岡八幡宮など）に分祀されていますが、本宮と分祀先のご神威は不変とされています。

また、そんな難しいことを言わずに単に靖国神社からA級戦犯だけを外せばいいの

ではないかという乱暴な声も聞かれますが、他国への配慮のために自国の宗教の教義を変更するなどということはおよそ世界に例がなく、そのようなことを行えば不可解かつ不気味な民族として世界の侮りを受けることは必定です。

仮にアラブ諸国や西欧において他国への配慮のためにイスラム教やキリスト教の教義を変えるなどという人がいたら、その人は激しいバッシングを受けることは火を見るより明らかです。

日本は韓国を相手にして戦ったことは一度もない

それ以前に大前提として、太平洋戦争において日本は韓国を相手に戦ったことは一度もないということを再認識するべきです。韓国とともに連合国と戦ったのです。

韓国が靖国神社について騒ぐのは、

①中国の尻馬に乗っただけ、要するに日本を叩くのならネタはなんでもかまわない
②日本と戦ったということにしなければ内政が保てない
③単なるヒステリー

などの理由があるからです。

韓国が戦争被害者の立場で靖国神社参拝に反対する根拠はなく、内政を保つために反日カードを切っているだけなのです。抗議の際には「靖国神社の参拝は内政問題であり、韓国は内政干渉をやめるべきだ」と毅然とした態度で応じればよいのです。

韓国・中国以外の国は靖国問題をどう見ているのか？

特攻隊員たちの数多くの遺書にも記されているように、靖国で会おうというのは、彼らの合言葉でした。

これは心の拠り所という意味と、20歳前後の隊員たちは自分が死ねば自分の血筋が絶えることになり、将来は無縁仏になるかもしれないという不安がありました。そこで靖国神社で永久に戦友とともに供養してもらえるという約束のもとに出撃していったのです。

その自己犠牲の精神は当時アメリカ軍に味方してゲリラとして日本軍と銃火を交えたフィリピン人に対しても深い感銘を与え、現在クラーク基地（開戦初日日本の海軍機が強襲攻撃し、アメリカ空軍に壊滅的打撃を与えた）内に特攻隊の記念碑を建てて英雄として顕彰しています（初代は1991年のピナツボ火山の噴火で埋まってしまったので現在のものは2代目）。

英雄として顕彰しているということは、フィリピンの若者にも国家のためには自己犠牲もいとわないという精神を持ってほしいと思っているということです。反日感情どころではなく、日本の精神性を模範にしているということです。

また、1994年に村山富市元総理と土井たか子元衆議院議長が東南アジア諸国へ謝罪行脚を行った際に、マレーシアのマハティール首相に次のような苦言を呈されています。

> 「日本が50年前に起きたことを謝り続けるのは理解できない。過去のことは教訓とすべきだが、将来に向かって進むべきだ」

ここで太平洋戦争の善悪を論じることはしませんが、日本軍が東南アジアを植民地にしていた欧米列強と戦ったことで、結果的に東南アジアの国々が解放に近づいたことは事実です。そのことを東南アジアの人たちは知っています。

日本と未来に向けての経済協力の話がしたかった他の国々も、謝罪ばかりして回る村山元首相と土井たか子両名を見て、何のために我が国を訪ねてきたのだろうと思ったに違いありません。

靖国問題になると、日本人の中にも「周辺諸国からの反発があるから控えるべきだ」などと言う人がいますが、「反日」を外交・内政の手段として用いている韓国と中国以外の国から抗議が来たことは一部の華僑を除いては一度もありません。

戦争責任の問題は日本人自らの手で決着をつけるべき

靖国問題についての論点はこれまでに述べてきた通りですが、それとは別に戦争責任の問題は本来日本人自身の手で決着をつけなければなりません。

終戦直後はイデオロギーの問題や朝鮮・韓国への配慮、生々しい戦争の経験などが影響して客観的な評価を下しにくかった事情があります。

しかし、戦後70年が見えてきた今では純粋な歴史の問題として、戦争責任は日本人の手で検証する必要があります。

なぜ、日本はあの戦争に突入していってしまったのか、そして戦局が好転する見込みがなかったにもかかわらず、なぜ甚大な被害をもたらす戦いを続けてしまったのか。それらの疑問を日本人専門家の手で実証的に解き明かしてほしいものです。

現在の日本人の太平戦争に対する感覚は、法の不遡及性を無視し、インドのパール判事（東京裁判の11人の判事のうち、国際法の唯一の専門家）に「この度の極東国際軍事裁判の最大の犠牲は『法の真理』である。われわれはこの『法の真理』を奪い返さねばならぬ」と言わせた東京裁判をベースに作られたものです。これがいわゆる東京裁判史観と呼ばれるものです。

建前として東京裁判は連合国軍による正義の裁判ということになっていますが、実態はアメリカ主導の吊るし上げ裁判でした。そしてこの裁判をベースにした認識を持ち続けていることが靖国問題の根幹に関わっているとも言えるのです。

他国によって裁かれたものではなく、日本人自らがあの大戦をどのように振り返るのか。そのことに取り組む時期が来ているのではないでしょうか。

これは個人の戦争責任者を糾弾するものではありません。また、東京裁判の違法性を声高に批判するためのものでもありません。歴史の教訓を得るためのものです。

その際に、1つ注意しなければならないことがあります。

アメリカの反応です。

2013年5月に靖国問題にからめて、侵略戦争の定義は明確でないとの安倍首相の発言に対して、アメリカのワシントンポストが「日本は歴史を直視していない」という論評を掲載しました。このことで日本の良識者からも「保守派の歴史認識は中韓だけではなく、国際的にも認められないのだ」という浮足立った意見が一斉に湧き上がりました。

しかし、日本が太平洋戦争は侵略戦争ではなかったなどと言えば、アメリカが反発するのは当たり前で驚くに値しません。

アメリカも内心では東京裁判の違法性は自覚しているのでしょうが、凶悪な枢軸国を打ち破った正義のアメリカという建前を覆すような発言を容認できるはずがありません。

従って靖国問題と侵略の定義とは切り離して、靖国は日本人の心情の問題、侵略の定義は学者にゆだね政府の見解はあえて示さないという態度であれば問題はなかったはずです。これは過去の歴史を検証する際にも同じことが言えます。

また、日本人はワシントンポストと言えば、アメリカの意見を代表するオピニオンリーダー新聞のような捉え方をしていますが、発行部数は、USAトゥデイ、ウォールストリートジャーナル、ニューヨークタイムズ、ロサンゼルスタイムズに次ぐ第5位でわずか66万部です。

66万部といえば、日本の地方紙の中日新聞402万部、北海道新聞110万部にも遠く及びません。確かにワシントンポストは伝統のある新聞ですが、決して全米の意見を代表しているわけではありません。

多様な意見があるのがアメリカの取り柄であり、その一部の新聞の意見に対し、右往左往するのは国際的に見てもみっともない限りです。日本はそんな一部の見解に惑わされず、自分たちの学術見解を淡々と開示していけばいいのです。

第4章

日本が韓国から七奪したという「言いがかり」を黙らせる

韓国が主張する「七奪」とは何か？

韓国の高校の指定教科書には次のような記述があります。

「日本は韓国から大切な七つのものを奪った世界で類を見ない悪辣な帝国主義者である」

このようなものを判断力のない子どもの頃から刷り込まれれば洗脳されてしまいます。

事実、この日帝による七奪があったという思想が反日エネルギーの基本になっています。韓国が国力の面で日本に後れをとっているのは七奪のせいであるという主張です。

日本人になじみのない七奪とは、以下のものになります。

①主権を奪った
②国王を奪った
③人命を奪った
④国語を奪った
⑤姓氏を奪った
⑥土地を奪った
⑦資産を奪った

実態を知らずにこれを突き付けられれば、恐縮してしまい韓国に謝罪したくなる人もいるでしょう。しかし、この七奪とはほとんど「言いがかり」に近いものなのです。

①「主権を奪った」という言いがかり

まず主権の問題ですが、そもそも中国の被冊封国であった朝鮮に主権はありませんでした。

国際法的に有史以来朝鮮が独立国として承認されたのは、日清戦争後の下関条約

（１８９５年）で朝鮮の独立を日本がしぶしぶながら清に認めさせたことが初めてです。日本は一度は朝鮮の独立を助けたというのは歴史上、誰も反論できない事実です。

それまでは世界中のどの国も朝鮮は中国の属国であるという認識でした。

朝鮮は自らを小中華と称し周辺国より中華度が高いことを誇りに思い、中国を宗主国・理想国として仰いできました。

そのような状態にあった朝鮮に与えた主権を、日本は１９０５年に国際法上合法的（第二次日韓協約）に日本に移譲させ保護国にしました。

当時の日本からすると、朝鮮半島は大陸が日本の横腹に突きつけた匕首のような認識でした。朝鮮を外国勢力に支配されてしまえば、その勢力が次に日本に矛先を向けることは自明の理です。

朝鮮を外国勢力から守るためには伊藤博文が強く主張していたように朝鮮が独立してくれることが一番良いわけですが、事大主義（大に仕える）の李氏朝鮮は日本の提案を聞き入れず、東学党の乱の鎮圧を清に頼みます。

清に朝鮮半島を支配されてはたまらないと思った日本も朝鮮に出兵（天津条約で出兵自体は合法）し、日清戦争が始まります。

これに勝利した日本でしたが、戦後、ロシア、フランス、ドイツの三国干渉の圧力に負けて日本が譲歩すると、李氏朝鮮は日本は弱くロシアは強いと見て、事大主義の性格そのままにロシアに接近します。

これに日本は危機感を抱きました。18世紀後半からのロシアの中央・西アジアへの凄まじい侵略の歴史を鑑みると、このままでは朝鮮半島がロシアの手に落ちてしまうことは明らかです。

その時、ロシアに擦り寄っていた高宗の妃の閔妃が暗殺されます。暗殺犯は朝鮮人説、日本人説、日本政府機関説、巻き添え説など諸説あり、定まっていませんが、歴史家の秦郁彦氏の綿密な検証によると、日本の政府が関与したと見るには証拠不十分であると結論づけられています。

日本が最も恐れていたのはロシアをはじめとする列強の帝国主義的侵略や中国人のナショナリズムによる覇権勢力が朝鮮半島を冒すことでした。

そのため、日本は朝鮮に一時的に与えた独立国としての主権を取り上げましたが、結果としてロシアの侵攻から半島を守りました。

少し整理をすると、そもそも朝鮮が持っていなかった主権を日本は清に認めさせたが、ロシアや清に支配されることを恐れ、主権を譲歩させ日本の保護国としたということになります。韓国がただ奪ったとする主張とはかなりの隔たりがあります。

韓国併合は国際法上合法だった

そもそも「韓国から施政権を取り上げ、保護下に置いたことやその後併合したこと自体が許されないことであるし、悪逆非道な侵略行為である」という論調があります。この問題に対する本質的な論点は、当時韓国を支配下に置くことが国際法上合法であったか否かという一点しかありません。

そして朝鮮を支配下に置くことは国際法上合法でした。「そうは言っても今の価値観からすると」などと蒸し返そうとする人もいますが、現在の価値観で判断し、歴史を断罪することは歴史の事実を冒涜するものでしかありません。

国際法について少し補足します。

国際法は法といっても六法全書のように普遍的な文書化された法典があるわけではありません。

国際法とは国と国とが定めた条約のことです。あるいは多国間で決めた条約があればそれが国際法です。または列強の力が強かった当時はある国の行動を列強が承認をしたら、それが国際法上合法ということになりました。

当然、条約の内容は力の強いほうが有利になります。決して公平なものではありません。それは現在も同じことです。

その意味では、第二次日韓協約も日韓併合条約も朝鮮人にとっては腹立たしいものであったかもしれません。不公平に感じたかもしれませんし、プライドを傷つけられたかもしれません。しかし、それらの心情は法とは関係のないものです。

韓国を支配下に置くことに対し、列強はどこも反対をせず、むしろ喜んで承認したということがすべてです。

真面目な日本政府はご丁寧にも列強の一国一国に外交官を訪問させて説明し了解をとっています。これが国際法上合法だったということです。

このことがしっかりと頭に入っていないと、おかしな贖罪意識のとりこになり、卑屈な謝罪を繰り返すことになります。韓国から「日韓併合は不公平条約だった」と言われたら「そうです。どうかしましたか」というのが正しい回答です。余計な言い繕いはかえって問題を複雑にするだけです。

仮に西洋の列強に向かって、以前の植民地が同じことを言えば「それがどうした」という回答しか返ってこないことがわかっていますから、日韓併合とは比較にならないほどひどい目に遭っている国々も宗主国に対してはなにも言わないのです。

ましてや戦後70年にもなろうとしている今日、歴史上の出来事について子孫である現世代の人たちが責任を負わなければならないというのは世界から見れば、あまりに非常識な考え方です。

②「国王を奪った」という言いがかり

この件に関しては、日本はむしろ国王を保護したというのが実態です。

日韓併合後、日本の一視同仁、内鮮一体、皇民化政策により朝鮮を日本並みにすることは日本国内では共通認識でした。

その証拠に1920年、李氏朝鮮最後の王の李垠《リギン》に対し、日本の皇族出身である梨本宮方子《まさこ》さまを娶らせています。

李氏朝鮮による500年の統治は律令制度に似た中央集権でしたので、当然苛斂誅求すさまじく、王族や貴族は怨嗟・憎悪の対象にはなっても尊敬の対象にはなるはずはありませんでした。

日本が保護しなければ「川に落ちた犬は棒で叩け」という諺がある朝鮮のことです。李氏王朝は民衆によってつぶされた可能性もなくはありません。弱ったものを叩く韓国人の資質は歴代大統領が退任して力を失った途端、例外なく悲惨な境遇に落とされていることを見てもわかります。
ちなみに歴代大統領の退陣後の末路は左記のとおりです。

李承晩：ハワイへ亡命
尹譜善：懲役3年の実刑
朴正熙：暗殺
崔圭夏：クーデターにより8ヶ月で辞任
全斗煥：死刑判決のち特赦
盧泰愚：懲役17年のち特赦
金泳三：逮捕・実刑
金大中：無期懲役
盧武鉉：自殺？（謎の滑落死）
李明博：相次ぐ告訴。親族・側近の逮捕
朴槿恵：弾劾裁判、逮捕、収監

これらの状況は力を失った者を叩くというメンタリティに加えて、現政権の正当性を確保するには前政権を否定することが最善の策だという事情があります。建国時に李承晩が前政権である日本を徹底的に非難したことにもつながります。

韓国王族の話に戻りますが、終戦後、最後の王の李垠の帰国を李承晩は拒んでいます。また最後の血筋である李垠の息子の李玖《リク》は生涯韓国に帰ることなく2005年に日本でその生涯を終えています。

日本が手を引くと即座に「自らの手で王の血筋を絶やしてしまった」というのが事実であり、韓国の主張は完全な言いがかりです。ちなみに方子さまはその後韓国に帰り福祉活動に生涯をささげ、その人柄のすばらしさにより、韓国人からオモニ（母）として慕われ続けて1989年に亡くなっています。

③「人命を奪った」という言いがかり

このテーマに関してはまず人口の推移をあげなければなりません。

日本の支配が始まった1896年の朝鮮の人口は980万人、それが20年後の1926年では1866万人と2倍に増えています。さらに1938年では

2400万人、1943年2553万人と、46年間に2・5倍以上も人口が増加しています。

平均寿命も1906年が24歳だったのに対し、1945年は56歳に延びています。1906年の24歳というのはいかにも低すぎるようですが、江戸時代の日本人の平均寿命が30歳程度であると推計されていることを考えると納得できます。

明治以前に平均寿命が短かった主な理由は、細菌学が未発達であり乳幼児の死亡率が高かったからです。またイギリスをはじめとする西洋人の手記にあるように「世界一不潔な国」と表現されている当時の朝鮮人の寿命はこんなものかなと納得できます。不潔な生活環境下においては死亡率も高くなり、死亡原因の1位は圧倒的に疫病（特に乳幼児の）であると言えます。しかも当時医療と呼べるものは前近代的な祈祷や怪しげな草木を用いる民間療法しかなかったことを思えばなおさらです。

実際、朝鮮の衛生状態がどれだけ改善されたかは、併合前のソウルと併合後の近代化されたソウルの写真を見れば一目瞭然です。

人口が増え、寿命が延びた要因としては、総督府が行った衛生環境の改善や食料の増産がありました。したがって人命に関しては総督府は朝鮮人の命を守ったというのが正しい認識です。

独立運動について

また、人命を奪ったことに対する謝罪要求として、2012年8月に李明博元大統領が発言した「日王が韓国を訪問したければ独立運動で命を奪われた戦士に対して謝罪すべきだ」という言葉がありました。

日王というのは現在韓国が天皇を呼ぶときに使う言葉ですが、中華思想では王は被冊封国の君主レベルであり、皇よりはるかに格下です。これはイギリスのクイーンを女酋長と呼ぶようなものであり、非礼極まりありません。

また、謝罪すべきだという発言自体、国際感覚から見て非常識すぎます。

現在イギリスと良好な関係が築かれているフランスやドイツの元首がイギリス王室に対しこのような発言をすれば、どのようなことになるかは想像に難くありません。

李明博の言う独立運動とは、1905年の第二次日韓協約で日本の保護下に置かれたことに対する義兵運動と、1919年に発生した三・一独立運動のことでしょう。

まず義兵運動ですが、1907年~1910年の間に約1万8000人が日本の官憲との戦いで犠牲になっています（総督府調査）。

その最中の１９０９年には、韓国併合に反対していた初代統監の伊藤博文が安重根により暗殺されます。このことで日本の国論は一気に併合へと進みます。その意味では韓国では義士と奉られている安重根は併合を促進した張本人であると言えます。

第二次日韓協約という国際法上合法的な協約で日本の保護下になった朝鮮人が日本軍に銃を向けるということは、敗戦後日本に進駐したアメリカ軍に銃を向けることと同じです。朝鮮統監の伊藤博文を暗殺するということはマッカーサーを暗殺するのと同じことです。

もしあの当時、厚木飛行場にコーンパイプを咥えて悠然と降りてきたマッカーサーを日本人が暗殺していたら、その後の日本の運命は過酷なものになったことは間違いありません。

統治者に対する武力蜂起を反逆罪として制圧するというのは当時の常識であり、正当な権利でした。結果として参加した義兵14万人のうち1万８０００人が犠牲になりましたが、国際社会からは一切の抗議がありませんでした。

１９１９年に発生した三・一独立運動についても確かに日本の官憲により多くの死者が出たことは痛ましい限りです。

死者の数は総督府発表で553人、朝鮮人の朴殷植の『韓国独立運動之血史』の中の記述では7509人（この数字は上海で聞いた伝聞であるという断り書きが入っています。その意味では比較的真面目な本です）となっています。

この独立運動を考える上で決定的に重要なことは、発生時期にあります。1905年に日本が韓国を保護下に置いてから14年、1910年に日韓併合が始まってから9年も経っています。

三・一独立運動が本当に独立運動だったのか、それとも単なるならず者たちの騒擾であったのかという議論があるのも、発生時期が1919年ということに起因しています。おそらく1905年から日韓併合時代の36年を含めた40年間は一般の朝鮮の住人にとって、今までになかったほど安定した生活を送れた時期だったと思います。

その傍証として、市民の治安を守る警察官はたったの7000人（半数以上は朝鮮人警察官）しかいませんでした。これは世界一治安が良いとされている現在の日本の警察官が30万人であることからも、かなり少ないことがわかります。

たったの7000人ということは複数の村に警官が1人いるかいないかという数字です。仮に住人が行政に不満を持ち反乱を起こせばひとたまりもありません。

この他に軍隊が前期に1個師団、後期に2個師団が配置されていましたが、それは主にロシアを警戒するためのものでした。その他に憲兵隊が少々です。

もちろん警察や憲兵にひどい扱いを受けたという話もないではありません。それは当時においては日本人に対しても同じことで、今の民主警察と比べるのは時代の背景を無視した見方になります。一部には不正や暴力を働く官憲もいたことでしょう。

しかし、重要なことはそれらの強圧的な態度や不正があったとしても、それはあくまでも個人の資質であって、国家や警察組織の意志ではないということです。併合時代に日本の官憲にひどい目に遭ったという話はみなこの類いです。一部の官憲に不心得者がいたことは確かでしょうが、全体としては非常に生活が安定していたと言えます。

一視同仁、内鮮一体の思想で何とか朝鮮を日本並みにしようと努力して、その計画がようやく実り始め、朝鮮半島が安定し始めた頃に、国内を混乱させる反政府独立運動などを起こせば、治安維持のために反逆者を制圧するのは当然のことです。

いずれにせよ、李明博の「独立運動の戦士に謝れ」という発言はこの事情に対し認識が不足しているか、ただ言いがかりをつけているかのどちらかであると言う他にありません。

④「国語（ハングル）を奪った」という言いがかり

韓国人が世界一すぐれた文字であると自慢するハングルを李氏朝鮮第4代の世宗王が作らせたのは1443年です。しかしハングルは漢字が読めず教育の機会さえない女や庶民のものだという位置づけで両班や高級官僚階級はハングルを軽蔑していました。貴族にふさわしい文字は宗主国中国の漢字のみであるという思想です。

その結果、朝鮮人の識字率は1882年の段階では14％に過ぎませんでした。朝鮮を近代文明国に育てるには識字率をあげることが不可欠であるという政策で、総督府は1911年にハングルを必須科目に指定します。

1945年には朝鮮人の識字率は80％にまで達します。

また、併合したばかりの1910年頃、朝鮮に学校と呼べるものは、特権階級しか入ることのできない私塾が2000校、公立校が100校という程度でした。

それが総督府の教育政策により1943年には、国民学校4271校、認定学校126校、簡易学校1563校、中等学校268校、師範学校15校、書堂（寺子屋）3052校、帝国大学1校が設置されていました。国語を奪うどころかハングルを奨励し広めたのは総督府の業績です。ハングルは総督府が奪ったのでなく広めたというのが事実です。

⑤「姓氏を奪った」という言いがかり

これは創氏改名のことを言っているのだと思いますが、これは強制ではなく、まったくの任意でした。

その何よりの証拠は、朝鮮人ながら日本軍に入り出世した金錫源少佐、白洪錫少将、洪思翊中将が最後まで名前を変えずに日本軍人として存在していたことです。西洋列強で植民地の人間をこのような軍の高官に据えるということは想像もできません。まさに内鮮一体、一視同仁そのものです。

そもそも創氏改名は朝鮮人の要望によるものでした。

当時満州には150万人の朝鮮人が住んでいましたが、満州で力のあった張作霖《チヨウサクリン》は病的なほど朝鮮人を嫌い抜いていました。その結果、朝鮮人への迫害や略奪などの被害が頻発していました。そこで名前を日本人名に変えれば迫害は格段に少なくなるということです。

創氏改名が許可されると朝鮮人がこぞって申請窓口に殺到したことは想像に難くあ

りません。また女性には姓が認められていませんでしたが、これも総督府により女性も姓を名乗ることができるようになりました。朝鮮人女性に姓氏を与えたのは総督府なのです。

よってこれも韓国の言い分は１００％間違いです。

⑥「土地を奪った」という言いがかり

併合前の朝鮮の土地は、中央集権体制の特権階級である両班やその代官の舎音と呼ばれる小作管理人の自由になっていました。両班は常人と呼ばれる庶民に対して生殺与奪の権をほしいままにしていました。小作人の地位は不安定なだけではなく、生きていくのがやっとという状態でした。

これを見かねた総督府は、窮乏する小作人対策として朝鮮農地令を１９３４年に施行しています。これにより、小作人の権利契約関係は格段に安定保証されるようになりました。

併合以前の朝鮮に自然を守るという発想はありませんでした。焼畑農業を行う場合、彼らは単に山を焼き払うだけではなく木の根まで掘って炭にしていました。

木の根の炭は根炭といって火持ちがよく両班などの富裕階級に高く売れたと言われています。目先の利益のために土地を荒れ放題にしていたというのが当時の朝鮮の実情でした。

荒廃した朝鮮の土地を生産力のあるものに変えるために総督府が行った治山治水事業は、禿山対策として１９１１年から１９４９年の間に５億９０００万本を植林し、砂防対策として５億60万本の植林をしています。

砂防工事については15万１０２８ヘクタール、延べ人員38万５３９８人で行っています。この事業では朝鮮人の人夫には日当を払っていて、これは朝鮮有史以来初めてのことでした。李氏朝鮮時代の奴隷的境遇から庶民を開放したという大きな意味があります。

これらの施策の成果として、水田面積は１９１０年に84万町歩だったものが、１９２４年には１６２万町歩と倍増し、米の生産高も１９１０年に１０００万石だったものが、１９２８年には１７００万石、１９３３年には１９００万石まで増加しています。

水田を含めた耕地面積全体でも、１９１０年の２４６万町歩から、１９４２年には４４０万町歩と１・８倍に増えています。現在の韓国経済を牽引しているサムソンは日本への米の販売で財閥の基礎を築いています。

その他、国土の生産性を上げるという意味では、国鉄３５７６キロ、私鉄１４６３キロの敷設、また商品経済が発達していなかったため特に地方では自動車がまともに走れる道路がほとんどなかった朝鮮半島に道路1等（4間以上）３２００キロ、2等４９４キロ、３等１１４９キロを開設、港湾に関しても１９４４年までに通商港14、指定港38、関税指定港9、地方港３２６を開き、その他空港の開設なども合わせて莫大な金額をつぎ込んでいます。

これらの総督府によるインフラ整備のおかげで朝鮮はアジアでは日本に次ぐ2番めの高度交通網が構築されました。これらのインフラが後の産業発展にどれほど貢献したかは説明の必要もありません。

もちろん１９４５年に日本はこれらすべてを朝鮮に無償で置いてきています。列強が東南アジアの植民地から引き上げる際にすべて有償で売却するか本国に持ち帰ったのとはえらい違いです。

主題の土地の摂取については中央集権の当時税金逃れの所有者不明の土地があり、それについては併合時に韓国政府から総督府が引き継ぎましたが、その面積は併合時の農地４３２万３町歩のわずか4・4％という数字が記録されています。

総督府は朝鮮の土地を改良し与えたのです。

⑦「資源を奪った」という言いがかり

日本にとっての朝鮮半島の価値は、地政学的に列強から日本を守る防波堤としてのものでした。それ以外の資源と呼べるものは北部のわずかな鉱物と南部の農地だけです。

その土地もすでに説明したように大量な改良を加えてインフラを整備しています。それらの成果として完全な農業国であった朝鮮半島の工業生産高は、１９３０年は３億円台、１９３５年は5億円台、１９４０年には18億円台にまで成長し、農業より工業生産高のほうが高くなるほどまでに発展させています。

朝鮮の資源（土地改良、インフラ整備、工業施設）を作ったのは総督府であり、決して奪っているわけではないことがおわかりいただけると思います。

以上により、韓国が主張する「七奪」は「七徳」とするほうがふさわしいと言えます。

しかし、だから韓国は日本に感謝しろなどとは言いません。

ただし、誤った認識に基いて不満や非難を示してきた場合は、きちんとした証拠を立てて反論しなければなりません。決してその場しのぎの安易な謝罪や妥協などをしてはいけないのです。

神社への参拝強要は失策

総督府が朝鮮人を中世的な境遇やメンタリティから脱却させ、日本と同じような近代文明社会にするため、多大な日本人の血税を注ぎ込んできたことはおわかりいただけたと思います。

ただし、善意の押し付けがともすれば独善的に走ってしまった事実もあります。その典型が朝鮮各地に建てられた神社です。海外の神社は現在でもハワイなどに50社ほど存在しており、現地日本人の心の拠り所になっています。それは現地の日本人の要望で建てられたものですから何の問題もありません。

しかし、日韓併合時代に建てられた神社は「朝鮮人も日本人になったのだから当然神社は必要であろう」という勝手な思い込みで建てられたものです。朝鮮半島だけで約1000社の神社が建立されました。

当然、祀られているのは日本の神様です。日本の神様はほとんどが最終的には、イザナギ、イザナミの2神につながっています。その子孫が今の皇室の系統につながっています。つまり日本民族だけの神様です。

当時の朝鮮半島には日本人がたくさん住んでいましたから、日本人のために神社を建立したのなら、現在の日本にモスクがあるように不自然ではありません。

問題は、この日本民族だけの神様が祀られている神社参拝を朝鮮人にも強要したふしがあることです。強要している側は皇民化政策の一環という意識だったかもしれません。

これは絶対にやってはならないことです。

特定の宗教というものを文化の違う他民族に強要するということは、近代国家では禁じ手のはずです。善意の押し売りもここまでくると相手にとっては大きな迷惑です。魂の中にまで入っていってはいけません。

神社の建立は朝鮮半島だけではなく、第一次大戦後日本の統治下に入った南洋諸島や東南アジアの占領地でもかなり行われました。

その神社に参拝することを強要すれば間違いなく反発を受けます。日本人のような汎神論的（ありとあらゆるものが神様になる）民族であれば、どんな神様でもご利益をくれる神様が増えたということでありがたいと受容できますが、他民族に対し強要してはいけません。汎神論的民族の日本人は大した考えもなくやったことかもしれませんが、これは大失敗でした。

同様に仏教の僧に対して妻帯を許したことも韓国の仏教界に大混乱を起こしました。日本では親鸞以来僧が妻帯することは普通ですが、世界の仏教国では本来ありえないことです。これを強制ではないといっても朝鮮の僧にも許したということは愚策と言えるでしょう。

第5章　一般朝鮮人の強制連行問題で韓国を黙らせる

多くの朝鮮人が自由意思で日本に渡ってきている

2010年1月14日の会見で外国人参政権に賛成の原口一博議員は次のような発言をしています。

「自分の意思に反して強制的に日本に連れてこられた人たちに参政権を与えるのは人道上当然だ」

人道的な見地からして、その意見には私も賛成です。

しかし、意思に反して日本に連れてこられた人の中で、日本に残っている在日朝鮮人は245人のみ（1959年時点）です。これは1959年に外務省によって行われた「在日朝鮮人の渡来および引揚げに関する経緯、とくに、戦時中の徴用労務者について」という調査によって明らかにされたものです。

私は参政権を与えるのはこの245人とその子孫に限ればよいと思います。

この外務省の調査報告書をもとに、この問題を少し詳しく見ていきましょう。

まず、この報告書は次の言葉から始まっています。

第二次大戦中内地に渡来した朝鮮人、したがってまた、現在日本に居住している朝鮮人の大部分は、日本政府が強制的に労働させるためにつれてきたものであるというような誤解や中傷が世間の一部に行われているが、右は事実に反する。実情は次のとおりである。

この資料によると、１９３９年に日本内地に居住していた朝鮮人は約１００万人であったとしています。そしてそれが１９４５年の終戦直前には１００万人が増加し、約２００万人になったとしています。次にこの資料ではこのように述べています。

この間に増加した約一〇〇万人のうち、約七〇万人は自から内地に職を求めてきた個別渡航と出生による自然増加によるのであり、残りの三〇万人の大部分は工鉱業、土木事業等による募集に応じて自由契約にもとづき内地に渡来したものであり、国民徴用令により導入されたいわゆる徴用労務者の数はごく少部分である。
しかしてかれらに対しては、当時、所定の賃金等が支払われている。

この記述からもわかるように、この時期の朝鮮人たちは、自ら日本に職を求めにきたのであり、国民徴用令によって導入された人はごく一部でした。しかも、彼らに対しても奴隷のような扱いはせず、所定の賃金を支払っているとしています。

また、この問題に関しては、１９１０年～１９４５年の間に日本に渡航した在日朝鮮人に対してアンケートを行った興味深い資料があります。在日本大韓民国青年会が作成した『アポジ聞かせてあの日のことを〝我々の歴史を取り戻す運動報告書〟』というものです。

この中に、「渡航理由」を尋ねた項目があり、その内訳は総数の多い順に次のようになっています。

経済的理由：39・６％
結婚・親族との同居：17・３％
徴兵・徴用：13・３％
留学：９・５％
その他：20・２％
不明：０・２％

また、この中の「徴兵・徴用」に関しても、「そのうち徴兵による人は０・５％とわずかである」という分析を行っています。このように見ていくと、多くの朝鮮人が自由意思で日本に渡ってきていることがわかります。

そもそも併合後は日本への渡航者が増え、窓口が悲鳴をあげていたというのが実際のところです。１９２４年５月17日には渡日制限撤廃を訴える朝鮮人５万人の市民集会が釜山で開かれているほどです。

内鮮一体というのなら自由に日本に行かせろという主張であり、この要求はまっとうなものです。また、軍隊関係でいえば、１９３８年から始められた朝鮮人に対する志願兵の応募は年を追うごとに増加して、狭き門になっていたというのが事実です。

１９３９年	志願者１万２３４８人	合格者６１３名	倍率20倍
１９４０年	志願者８万４４４３人	合格者３０６０名	倍率28倍
１９４１年	志願者14万４７４３人	合格者３２０８名	倍率45倍
１９４２年	志願者25万４２７３人	合格者４０７７名	倍率62倍
１９４３年	志願者30万３３９４人	合格者６３００名	倍率48倍

このように年を追うごとに志願兵は増加していき、各憲兵隊の窓口は混雑を極め手がつけられないありさまでした。とはいえ、１９４４年９月～１９４５年３月の半年間は、戦時徴用で強制的に日本に連れてこられた人がいるのも事実です。

これは当時、日本人に適用されていた国民徴用令（１９３９年施行）を朝鮮人にも適用したものですが、この実施に際しても、朝鮮への適用はできるかぎり差し控えられていました。ただ、終戦間際の切迫した状況から適用に踏み切ったものと思われます。

終戦後、日本は朝鮮人が帰国するための政策を行ってきた

終戦後、日本に残っていた朝鮮人に対して、祖国に帰るためのさまざまな政策が行われました。先ほどの外務省の報告書には次のようにあります。

①まず一九四五年八月から一九四六年三月までの間に、帰国を希望する朝鮮人は、日本政府の配船によって、約九〇万人、個別引き揚げで約五〇万人合計約一四〇万人が朝鮮へ引揚げた。右引揚げにあたっては、復員軍人、軍属および動

員労務者等は特に優先的便宜が与えられた。

②ついで日本政府は連合国最高司令官の指令に基づき一九四六年三月には残留朝鮮人全員約六五万人について帰還希望者の有無を調査し、その結果、帰還希望者は約五〇万人ということであったが、実際に朝鮮へ引揚げたものはその約一六%、約八万人にすぎず、残余のものは自から日本に残る途をえらんだ。

③なお、一九四六年三月の米ソ協定に基づき、一九四七年三月連合国最高司令官の指令により、北鮮引揚計画がたてられ、約一万人が申し込んだが、実際に北鮮へ帰還したものは三五〇人にすぎなかった。

④朝鮮戦争中は朝鮮の南北いずれの地域への帰還も行わなかったが、休戦成立後南鮮へは常時船便があるようになったので、一九五八年末までに数千人が南鮮へ引揚げた。北鮮へは直接の船便は依然としてないが、香港経由等で数十人が、自からの費用で、便船を見つけて、北鮮に引揚げたのではないかと思われる。

この結果、約75%の在日朝鮮人が朝鮮に引き揚げたとされていますが、右資料②の中に「残余のものは自から日本に残る途をえらんだ」とあり、③の中に「実際に北鮮へ帰還したものは三五〇人にすぎなかった」とあるように、日本に残った人々はほとんどが自らの意思で残留を希望したということがわかります。外務省の報告書はこう結論付けています。

> すなわち現在登録されている在日朝鮮人の総数は約六一万人であるが、最近、関係省の当局において、外国人登録票について、いちいち渡来の事情を調査した結果、右のうち戦時中に徴用労務者としてきたものは二四五人にすぎないことが明らかとなった。そして、前述のとおり、終戦後、日本政府としては帰国を希望する朝鮮人には常時帰国の途を開き、現に帰国した者が多数ある次第であって、現在日本に居住している者は、前記二四五人を含みみな自分の自由意志によって日本に留まった者また日本生れのものである。したがって現在日本政府が本人の意志に反して日本に留めているような朝鮮人は犯罪者を除き一名もない。

つまり、自らの意志で日本に来た人たちは、すでに日本での生活の基盤があるため、日本に残ったということです。ただし、戦時中に徴用されてやってきた人のうち、なんらかの事情で帰るに帰れない人が２４５人いたことは事実です。

この２４５人と、その子孫に関しては、参政権を与えるなどの配慮をしても私はよいと思います。

しかし、韓国側が「日本は約２００万人の韓国人を日本に移住することを強制した」「約52万人の韓国人が日本に連れて行かれ、軍需工場で強制労務に従事した」などという主張は、自由意志で日本に渡った人たちを含めた数を水増ししたものであり、言いがかりであると判断できます。

兵士たちに対する補償

ただし、自らの意思で日本軍へ志願し、亡くなった人たちに対してはなにか補償ができないだろうかという気持ちにもなります。日本軍への志願者は朝鮮人以外にも台湾人も大勢含まれています。終戦後、彼ら志願兵の中にも、ＢＣ級戦犯として裁かれた人たちはたくさんいらっしゃいます。

死刑：朝鮮人23人・台湾人21人
獄死者：同人数程度
無期刑：朝鮮人18人
有期刑：朝鮮人１０７人・台湾人１４７人

この他にも戦地で日本軍人として戦い亡くなっていった人たちは大勢いらっしゃいます。彼らは日本の敗戦後、日本国籍を失い、そのために日本人の旧軍人に適用された軍人恩給をはじめとする数々の救済措置の適応から除外されています。

もちろん法的には、日韓・日台との戦後処理はすんでおりますので、今の日本には韓国人や台湾人の旧日本軍軍人に対する補償義務はありませんが、人道的見地からは、日本人とともに戦ってくれた朝鮮人・台湾人の戦友たちにはなにか他の方法で報いて差し上げることがあってもいいような気もします。

「人道的見地」とはこのような場合にこそ使いたい言葉です。

日台の戦後補償

日本と台湾間の戦後処理について補足しておきましょう。

日台では１９５２年（昭和27年）に蒋介石《ショウカイセキ》の中華民国と平和条約を結びましたが、台湾に残した日本の財産権放棄以外は履行される前に、１９７２年（昭和47年）に日本と大陸の中華人民共和国との国交が回復します。

中華人民共和国との国交回復にあたり、日本政府は中華人民共和国を唯一の中国と認めるという承認が前提にありました。蒋介石率いる中華民国（台湾）は中華人民共和国の一部であるという認識です。

これを受け入れたため、１９５２年の中華民国との平和条約は法的に消滅します。履行不可能になったということです。

それ以降、台湾政府と日本政府は正式な国交はありません。

それにもかかわらず、２０１１年3月11日の東日本大震災直後の12日から台湾は官民をあげて日本に対する人的・物質的・資金的支援を世界に先駆けて行ってくれました。

これに対し、日本政府は中国への配慮からか台湾への感謝の表明が少なすぎるように感じました。世界で最も親日的な台湾に対して、日本政府は冷たすぎるというのが私の実感です。

第6章　戦後処理問題で韓国を黙らせる

戦後補償の問題は完全かつ最終的に解決している

戦後補償の問題について、よく韓国からは「日本は日韓併合について公式の謝罪も心からの反省もしていないし戦後補償もしていない」という批判の声が聞かれます。

この問題を考えるためには、1965年に結ばれた「日本国と大韓民国との間の基本関係に関する条約（通称：日韓基本条約）」、そして同条約と同時に結ばれた「財産及び請求権に関する問題の解決並びに経済協力に関する日本国と大韓民国との間の協定（通称：日韓請求権並びに経済協力協定）」に目を向けなければなりません。

日韓基本条約はシンプルな7条からなる条約ですが、これはつまり、日本は韓国を朝鮮半島唯一の合法政府と認め、韓国との間に国交を回復したということを表しているものです。

日韓基本条約では、日韓併合前に交わされたすべての条約及び協定が無効であることが確認されているだけで、賠償などに対する記述はありません。それが出てくるのは「日韓請求権並びに経済協力協定」になります。

この取り決めの中で非常に重要になってくるのが第二条です。少し煩雑になりますが、以下に原文を記しておきます。

第二条

1　両締約国は、両締約国及びその国民（法人を含む。）の財産、権利及び利益並びに両締約国及びその国民の間の請求権に関する問題が、千九百五十一年九月八日にサン・フランシスコ市で署名された日本国との平和条約第四条（a）に規定されたものを含めて、完全かつ最終的に解決されたこととなることを確認する。

（2項は略）

3　2の規定に従うことを条件として、一方の締約国及びその国民の財産、権利及び利益であつてこの協定の署名の日に他方の締約国の管轄の下にあるものに対する措置並びに一方の締約国及びその国民の他方の締約国及びその国民に対するすべての請求権であつて同日以前に生じた事由に基づくものに関しては、いかなる主張もすることができないものとする。

つまり、第1項に「完全かつ最終的に解決されたこととなることを確認する」とあり、第3項に「同日以前に生じた事由に基づくものに関しては、いかなる主張もすることができないものとする」とあることから、請求権の問題は完全に解決しています。

この条約を常識的な人間が見れば、誰もが同じように感じるでしょう。

そもそも戦争や植民地支配の事後処理のための条約とは、小さな事例を持ち出してきたらお互いにきりがなくなります。それでは前に進むことができないので一定の補償のもとに一括して以前の問題は解決するという手続きをとります。

砕けて言えば「お互いに言いたいことは山ほどあるが、ここはひとつ金品で片をつけ、以降はこの問題には一切触れず前向きな話をしましょう」ということです。そしてお互いの条件をすりあわせて、納得できる段階まできたら条約を結んで完全に決着するという流れです。

日韓の場合、それが日韓基本条約であり、日韓請求権並びに経済協力協定でした。これによって1945年8月15日以前の事由については完全に決着したことになります。

このときに日本政府は韓国政府に次のような補償を行っています。これは日韓請求権並びに経済協力協定の第一条に記されています。

（a）現在において千八十億円（一〇八、〇〇〇、〇〇〇、〇〇〇円）に換算される三億合衆国ドル（三〇〇、〇〇〇、〇〇〇ドル）に等しい円の価値を有する日本国の生産物及び日本人の役務を、この協定の効力発生の日から十年の期間にわたつて無償で供与するものとする。

（中略）

（b）現在において七百二十億円（七二、〇〇〇、〇〇〇、〇〇〇円）に換算される二億合衆国ドル（二〇〇、〇〇〇、〇〇〇ドル）に等しい円の額に達するまでの長期低利の貸付けで、大韓民国政府が要請し、かつ、3の規定に基づいて締結される取極に従つて決定される事業の実施に必要な日本国の生産物及び日本人の役務の大韓民国による調達に充てられるものをこの協定の効力発生の日から十年の期間にわたつて行なうものとする。（以下略）

つまり、日本は有償無償計5億ドルを資金提供すると定められています。

また、この他に日本は民間借款3億ドルを提供し、また、それ以外に朝鮮半島に置いてきた資産（当時の価格にして、702億5600万円）の請求権をすべて放棄しています。この結果として、日韓は条約を締結し、国交を回復しました。

正式な手続きを踏んで結ばれた条約です。

普通の国ならば請求権を放棄している以上、なんの請求もできないはずですが、「基本条約の中には慰安婦に関する補償が含まれていなかった」と韓国は不当な要求をしてきます。これに対し、人のいい日本は民間資金による通称「アジア女性基金」を設け、元慰安婦への支給を続けてきました。

しかし、その後も韓国は、「アジア女性基金は民間の基金によるものだから日本政府の謝罪の気持ちが入っていないという声が韓国内にある」などと言って更なる要求を続けていて、今日に至っているというのが現状です。

事実、李明博元大統領の竹島訪問の後、2012年8月末に韓国の国会決議で「慰安婦に対する公式の謝罪と補償」を求めていくという案件が採択されています。

さらには2015年12月には日本が元慰安婦支援の名目で韓国政府が立ち上げる慰安婦支援機構への支援として10億円提供と同時に安倍首相からの慰安婦に対する反省と謝罪の言葉を表明、これをもって慰安婦問題は最終的不可逆的に解決するという共同宣言がなされました。

その舌の根も乾かぬうちに文在寅新大統領は「国民感情が許さない」「あれは前政権が国民合意を得ることなくやったのだから再交渉すべきだ」などとおよそ国際常識からかけ離れた言動を繰り返しています。要するにまだ金をよこせといっているに等しいといえます。

いまだに補償を求めるのかというクレーマー体質にも呆れるばかりですが、韓国の言う公式の謝罪とはいったいなんなのかという定義を聞きたいものです。

補償問題の結論としては次のようになります。

①「日韓基本条約」並びに「日韓請求権並びに経済協力協定」によって、1945年8月15日以前の事由は完全かつ最終的に解決されている。韓国は請求権を放棄している

②条約の締結にあたり、日本からは有償・無償・民間借款合わせて11億円の資金援助を行っており、その事実を確認した上で、韓国は条約を受け入れている

この2点を繰り返し述べればいいでしょう。

こんなにもある戦後植民地支配や慰安婦に対する謝罪の履歴

「補償の問題は解決しているかもしれないが、気持ちの問題はどうなるんだ。日本政府はまともに謝罪をしていない」などという声を聞くこともあります。日本政府や政府の要人が行ってきた戦前・戦中の事由に対する諸外国への謝罪はたくさんありますが、特に韓国を指しているものと植民地支配と慰安婦に関するものだけを列記します。

1965年2月20日
日韓共同コミュニケにて椎名外務大臣と李外務部長官の間で取り交わされた正式な外交文書で「(日韓の)過去の関係は遺憾であって深く反省している」という文言を入れ込む。
これは正式な外交文書なので本来なら国家対国家の謝罪はこれで決着するはずですが、実際はこれが延々と続く日本の譲歩と謝罪の始まりになります。

1982年8月26日
宮沢内閣官房長官が教科書書き換え問題による当面の反発を避けるためにした発

言。

「日韓共同コミュニケ認識にはいささかの変化もない、この精神は我が国の学校教育・教科書の検定制度にあたっても政府の責任において是正する」

発言の後、世界常識ではありえない自国の教科書検定に対する近隣諸国条項を制定します。そしてこの条項は30年を経た今日でも効力を持っています。

外交の基本スタンスは相互主義（レシプロシティ）というのが国際社会の共通認識です。つまり相手がこちらに何かを求めるのなら同じことを相手に求める権利があるということです。

相手がこちらの教科書をチェックするというのならこちらも相手国の教科書をチェックできるということです。ただ相手の剣幕に恐れをなして、こちらが一方的に「相手の意にそうように修正します」というのは外交の相互主義の原則に外れたものになります。

1984年9月6日

昭和天皇「今世紀の一時期において両国の間に不幸な過去が存在したことは誠に遺憾であり再び繰り返されてはならない」

1984年9月7日
中曽根首相「貴国及び貴国民に多大な困難をもたらした」「深い遺憾の念を覚える」
1990年4月18日
中山外務大臣「自分の意思ではなしに当時の日本政府の意思によりサハリンに強制移住をさせられ（中略）心からすまなかったという気持ちを持っております」
1990年5月25日
海部首相「朝鮮半島の方々が我が国の行為により耐え難い苦しみと悲しみを体験されたことについて謙虚に反省し、率直にお詫びの気持ちを申し述べたいと思います」
1992年1月17日
宮沢首相「我が国は加害者であり貴国がその被害者だったという事実であります。朝鮮半島の方々が耐え難い苦しみと悲しみを体験されたことについて心からの反省とお詫びの気持ちを表明します。従軍慰安婦の問題に関しては実に心の痛むことであり誠に申し訳なく思っております」

１９９２年７月６日
加藤内閣官房長官「いわゆる従軍慰安婦として筆舌に尽くしがたい辛苦を舐められた方々に対し衷心よりお詫びと反省の気持ちを申し上げたい」

１９９３年８月４日
河野官房長官「軍の関与の下に多数の女性の名誉と尊厳を深く傷つけ（中略）心からのお詫びと反省の気持ちを申し上げる」（河野談話）

１９９３年８月23日
細川首相「我が国の植民地支配などが多くの人に耐え難い苦しみと悲しみをもたらしたことに深い反省とお詫びの気持ちを申し上げる」

１９９４年８月31日
村山首相「植民地支配などが多くの人々に耐え難い苦しみと悲しみをもたらした

ことに対し深い反省の気持ち（中略）従軍慰安婦については女性の名誉と尊厳を深く傷つけ（中略）心からの反省とお詫びの気持ちを申し上げたい」

1995年7月

村山首相「従軍慰安婦については女性の名誉と尊厳を深く傷つけ（中略）心からの反省とお詫びの気持ちを申し上げたいと思います」

1995年8月15日

村山首相「植民地支配と侵略によってアジア諸国に多大の損害と苦痛を与えました（中略）心からのお詫びの気持ちを表明します」（村山談話）

1996年6月

橋本首相「創氏改名とか（中略）従軍慰安婦の問題は女性の名誉と尊厳を傷つけ（中略）心からお詫びと反省の言葉を申し上げたいと思います」

1996年10月8日

今上天皇「我が国が朝鮮半島の人々に大きな苦しみをもたらした時代がございました。そのことに対する深い悲しみは常に私の記憶にとどめられております」

１９９８年7月15日
橋本首相「いわゆる従軍慰安婦問題に関して道義的な責任を痛感しており国民の償いの気持ちを表すために女性のためのアジア平和国民基金と協力しつつ誠実に対応してきております。（中略）当時の軍の関与の下に多数の女性の名誉と尊厳を深く傷つけた問題として認識しており、数多の苦痛を経験され心身にわたる癒しがたい傷を負われた慰安婦の方々に対し心からのお詫びと反省の気持ちを（以下略）」

１９９８年10月8日
小渕首相「植民地支配により多大の損害と苦痛を与えた歴史的事実を謙虚に受け止め痛切な反省と心からのお詫びを（以下略）」

２００１年10月15日
小泉首相「従軍慰安婦問題は軍の関与のもとに多数の女性の名誉と尊厳を傷つけ

た（中略）心身に癒しがたい傷を負われたすべての方々に心からおわびと反省の気持ちを申し上げます」

２００２年９月17日

小泉首相「過去の植民地支配により朝鮮の人々に多大の損害と苦痛を与えたという歴史的事実を謙虚に受け止め痛切な反省と心からのお詫びの気持ちを表明した（以下略）」

２００５年４月22日

小泉首相「かって植民地支配と侵略によってとりわけアジア諸国の人々に対して多大の損害を与え（中略）痛切なる反省と心からのお詫びの気持ちを（以下略）」

２０１０年８月10日

管首相「私は歴史に誠実に向き合いたいと思います。歴史の事実を直視する勇気とそれを受け止める謙虚さを持ち（中略）苦痛を与えた方は忘れやすく与えられた方は容易に忘れることはできないものです。植民地支配がもたらした多大な損害と苦痛に対し（中略）痛切な反省と心からのお詫びの気持ちを表明いたします」

管首相の場合は今までと違い、特に相手から求められたわけでもないのに首相に就任すると真っ先に韓国を訪問し謝罪をしています。

２０１５年8月

これは政府の立場でなく、元首相という一個人のケースですが、鳩山由紀夫氏がソウルにある刑務所跡地の独立運動の活動家をしのぶモニュメントの献花台の前で靴を脱ぎ白手袋をして碑の前で土下座し「独立運動家らをここに収監し拷問を加え命を奪ったことを聞き心から申し訳なく思う、お詫びの気持ちをささげたい」と述べました。土下座の結果、その後の反日姿勢は収まることもなく、何の効果も上げてはいません。

また旧刑務所内での状況も鳩山氏本人が「そう聞いた」といっているように歴史的に考証されたものではありません。

２０１５年12月

最終的かつ不可逆という約束を前提にした日韓合意において安倍首相が「日本国

の総理大臣として改めて慰安婦として数多の苦痛を経験され心身にわたり癒しがたい傷を負われたすべての方々に対し心からのお詫びと反省の気持ちを表明する」と発言。

この安倍首相の発言にはすでに慰安婦の強制連行がなかったことが明らかになっている現状で、謝りすぎではないかという意見もありましたが、安倍首相としては、これで最後だからということと、政府として謝っていないという意見が根強い韓国への特別サービスの意味合いもあったと思います。

書いていてうんざりしますが、2010年以前だけでも併合、慰安婦に対して20余回謝罪していますが、その結果が、2012年8月末に韓国の国会決議で慰安婦に対する公式の謝罪と補償を求めていくという案件が採択されるという事態に及んでいます。

さらに2015年の日韓合意についても文在寅新大統領サイドからは「国民感情が許さないから解決のために知恵を絞るべきだ」などの発言が出ています。

このような韓国の姿勢は、国際法などはまったく無視してこれからも永久に謝罪と補償を求めていくという決意表明に他なりません。これこそまさに言いがかりでしょう。しかもその中身は年々ひどくなっていきます。

今の韓国の政権は、国際外交の常識を無視しても構わないから、歴代の政権と比べてどれだけの謝罪を日本から引き出せるのかということが政権運営力の試金石になっているという状態です。

これはある意味、新任の大統領にとっても対日外交の柔軟性を失わせるため、厳しい政権運営を迫られることになります。そして前任者よりも強い対日強硬政策を取らざるを得ないことがますます韓国自身を窮地に追い詰めていくのです。

しかし、この負のスパイラルに陥った責任の一因は日本側の政治家たちの安易な譲歩と謝罪にあることを忘れてはいけません。

謝罪問題において引き合いに出されるドイツ

「ドイツは戦争責任について反省してあやまったけれど日本は過去を反省していない」

これは韓国や日本の自称進歩的文化人たちが好んでする主張です。

日本は過剰と言っていいほどの謝罪を行ってきましたが、彼らはそれでは満足することができないようです。

２０１３年のアメリカ議会で朴槿恵元大統領が「過去に盲目的なら未来も見えない」と日本を批判しています。また、２０１２年に竹島に上陸した李明博元大統領も、上陸の動機として同様の趣旨を述べています。この言葉は１９８５年にドイツのヴァイツゼッカー大統領が戦後40週年記念講演でした「過去に目を閉ざす者は結局のところ現在にも盲目となる」という発言の中から、全体の文脈を見ずに、その部分だけを取り出したものです。

そもそも欧州戦線はイギリス・フランスがドイツに先に宣戦布告をしたものであり、ドイツに開戦の責任はありません。ポーランドに先に侵攻したのはドイツですが、この時点ではイギリスとフランスには宣戦布告をしていませんでした。

ドイツが謝罪と補償をしたのは、戦争とは何の関係もないユダヤ人に対する虐殺に対してであり、戦争被害についての個別補償は一切行っていません。

これはドイツがけしからんという話ではなく、国権の発動としての戦争（交戦権）は国際法的に合法であるという考え方によるものです。そのため、ドイツ軍により多大の被害を受け、戦地となった地域からもドイツに対して補償しろという話は出ていません。

ですからドイツは戦争とは関係のないユダヤ人虐殺には何度も謝罪していますが、

戦争責任については謝罪していないのです。ユダヤ人の虐殺だけではなく戦争についてもドイツは責任をナチス党に押し付けて、今のドイツ人とは関係がないという立場です。そしてそれを欧州各国も受け入れています。戦争責任や慰安婦問題を現在の日本人全体に押し付けている韓国とは大きく異なるところです。

ドイツにしてみれば、ピント外れの戦争責任について、韓国に引き合いに出されることは一番触れられたくない古傷に触れられるように気分のいいものであるはずがありません。

このことが関係しているのかはわかりませんが、2012年のBBC国際世論調査によると、世界で韓国のことを最も嫌いな国は断トツでドイツでした。韓国のドイツに対する片想いもドイツからすれば「いいから放っておいてくれ」ということでしょうが、反日に目がくらんでいる韓国はその気持ちに気付いていないようです。

戦後の資金・技術援助について

日本は韓国に対し、1966年~1998年までにさまざまな経済・技術援助を行ってきています。その金額は外務省のホームページによると以下の通りです。

贈与無償資金協力：約２３４億円
技術協力：約９１４億円
政府貸与支出総額：約３６００億円

これは「日韓請求権並びに経済協力協定」以外に日本が援助したものになります。これらはいずれも拠出した時点での金額ですから、現在価格では少なく見積もっても、2、3兆円にはなります。

技術協力の具体的な例としては、１９７０年世界最新設備を装備した浦項製鉄所建設稼働、１９９８年ソウル地下鉄１８５キロの建設稼働、京釜高速道路その他、家電、産業整備、運送機構、通信機など官民合わせて数千件にも及びます。

これらの技術協力をした日本人技師の嘆きとして、工事が完成したときも韓国側の技術者たちからは感謝の言葉は一切なく、全部自分たちが優秀だからできたとうそぶいているという話をよく耳にします。

日本人の感覚ならば共同での工事はお互いの貢献度にかかわらずに「ありがとうございました。おかげさまで完成いたしました」と挨拶を交わすのが普通ですが、日本人と韓国人とではまるで発想が違っているようです。

しかも、韓国はこれら日本国民の血税を注ぎ込んだ援助については自国民に知らせていません。これは中国も同じです。

うっかり知らせると「にっくき日本から援助をもらうとは何事か」という突き上げを受けるかもしれないと政府が恐れたのかもしれませんが、日本としては善意でしたことがまったく韓国国民に伝わっていないという状況になっています。

また、１９９７年のアジア通貨危機の際、破産確実であった韓国も日本の拠出により救われました。

２００８年のリーマンショックにより、またもや韓国の通貨危機が発生した時も、日本はウォンの信用の裏書保証とも言える日韓スワップ協定を結び、韓国を救っています。

だから感謝しろというような下品なことは言いませんが、このような現実に対して、李明博元大統領は「スワップはもはや大して重要なことではないし、日本の影響力も以前より低下している」などという発言を行っていることに関しては呆れ果ててしまいます。

日韓のスワップ協定に関しては２０１５年2月に終了しました。延長については竹島問題や慰安婦像問題で両国関係の悪化もあり、いったん協議は中断しましたが同年8月になり韓国側の要請で再協議をすることになりました。その麻生財務大臣との対談中、韓国側は「借りてくれというのなら借りてやらんこともない」というおよそ外交儀礼にそぐわない驚きの発言をしています。このような発言に加え、釜山領事館前の慰安婦設置問題が起こり、さすがの日本政府も大使召還、スワップ協議の中断を宣言します。

つくづく韓国という国は、日本は韓国を助けるのが当然であり、自分たちのほうから感謝する必要はないと考えているとしか思えません。

日本はこれまでに充分過ぎるほどの補償・支援・謝罪を行ってきました。日本の弱腰な外交姿勢につけ込み、いつまでも不当な要求をやめない韓国に対して、これ以上譲歩を見せる必要はありません。

第7章　近年になって出てきた「言いがかり」の数々

これまでの章で従来、韓国が日本に対してしてきた言いがかりの数々を見てきましたが、最近になって異常とも言えるような要求を韓国側がしてくるようになりました。この章では最近になって韓国がしてくるようになった言いがかりを見ていこうと思います。

裁判所までが条約（国際法）を無視

２０１３年7月10日に信じられないような判決がソウル高等裁判所で下されました。このニュースは大きく報道されたので覚えている方も多いと思います。２０１３年10月の日本経済新聞では以下のように報じています。

> 第2次大戦中に日本に強制徴用された韓国人４人が当時の勤務先に損害賠償を求めた訴訟の差し戻し控訴審でソウル高裁は10日、原告の請求通り新日鉄住金に4億ウォン（約３５００万円）の支払いを命じた。日本企業に韓国人元徴用工への賠償支払い命令が出るのは初めて。

また、釜山高裁では7月30日に同じく、三菱重工に対し、併合時代の徴用工への賃金支払いを認める判決を下しています。

これをもし新日鉄住金と三菱重工が断れば官憲の力をもって韓国内にあるこれら企業の資産を差し押さえることもできるということになります。

そしてこれが判例になれば韓国に進出している他の企業も、いつ自分のところも同じようにやられるかもしれないということになり新たなコリアリスクが誕生することになります。

すでに何度も述べましたが、日韓請求権並びに経済協力協定によって、個別請求権の問題は最終的かつ完全に解決しています。そのため元徴用工たちは文句があるなら韓国政府に対して、日本から支払われた戦後補償金を自分たちに回してくれと主張するのが国際的な条約の常識です。

それを高等裁判所までが日本の民間企業に支払い判決を下すというのは、自らの司法制度が崩壊していることを世界中に示しているわけで近代法治国家としての体をなしていません。

これに対して惜しむらくは、菅官房長官が記者会見の場で「これらの問題は日韓基本条約で完全に解決しているというのが日本の立場である」と発言したことです。「日本の立場である」という発言は「韓国には韓国の立場がある」とのニュアンスがあります。

正しくは「完全に解決したというのが日韓基本条約という国際条約の立場である」と言って国際法は国内法に優先するという国際規範の観点から主張すべきでした。国内法を国際法より優先させるとすべての国際条約は効力をなくし国際秩序はなくなります。

今のところ、日本政府は静観の構えですが、日本政府としては積極的に第三者による仲裁機関を設立し、国際社会の場で主張すべきです。この問題については当然ながら日本企業側はこれを不服として上告手続きを取りましたが、新日鉄側は「もし敗訴が決定すれば取引先への影響もあるので支払うことになるだろう」と発言しています。これはまだ決着していません（２０１７年６月現在）。

これに関してはどのような判決が出ようと間違ってもその場しのぎで韓国の言い分を聞くようなことがあってはなりません。ここで企業が賠償金を支払うようなことになれば、慰安婦問題や竹島問題などと同じように、問題が固定化・長期化することは避けられませんし、日本が国際法を無視したということになり、国際的に非難と軽蔑を受けるようになるでしょう。

韓国の司法制度の崩壊は他の事例からもうかがうことができます。

対馬から盗んだ仏像の返還を裁判所権限で差し止めたり、明らかな刑事事件である靖国神社へ放火した中国人の犯人を強引に政治犯として決めつけて日本への引き渡しを拒み、中国へ送還したりと、法を忘れたとしか思えないことを繰り返しています。

歴史の彼方にある財産の発祥から所有権を問題にし始めたら、現在西欧の博物館にある美術品や財宝はかなりの数をエジプトやローマやギリシャに返却しなければならなくなります。韓国の発想はおよそ世界の常識とは相容れないものです。

もともと法契約社会としてよりも礼楽社会としての秩序を濃厚にしている韓国社会ですが、ポピュリズムで動く国会ならまだしも、厳正な法の番人であり、主観を排し客観的な判断が求められるはずの司法当局までもが反日の呪縛にとらわれて正常な判断を下せないようでは知性と理性を失いつつあると言っても過言ではありません。

この事態は非常に由々しきものであり、日韓関係に更なる深刻な影を落とすものであるように思えてなりません。

旭日旗問題

旭日旗問題がこれほどまでに大きくなった発端は、2011年1月25日のAFCアジアカップの日韓戦にあります。この会場で韓国人の奇誠庸《キソンヨン》選手が日本を侮辱する際に使われる猿真似をしたことを非難されると、次のような言い訳をしました。

「観客席にある旭日旗を見て涙が出たので猿まねはその報復である」

実際に観客席に旭日旗が存在したという証拠は見つからなかったのですが、この言い訳は韓国内では大いに受けて、その後、旭日旗問題が大きく扱われるようになってきました。

その矛先は留まるところを知らず、海外の企業による携帯ケースやランチボックスのデザインが旭日旗に似ているとしてケチをつけたり、2012年8月には韓国民主党議員が「日本の旭日旗使用・競技場内搬入禁止決議案」を出すという事態になっています。

また、民間レベルでも南ソウル大学のソン教授が「民間レベルでも旭日旗が持つ意味を世界に知らせ、日本が旭日旗禁止法を制定するよう圧力をかける必要がある」と発言するなど、国を挙げての反日キャンペーンネタになっています。

彼らの論法によれば旭日旗はナチスのハーケンクロイツ（鍵十字）と同じく戦犯旗であると決めつけていますが、ハーケンクロイツはナチスという一政党の党旗にすぎません。そもそも戦犯とは人に対しての呼称であり、物質に対しての呼称例は国際法の概念の中にはありません。

ハーケンクロイツが今でも欧米で忌避されるのは戦争を起こした政党の旗というよりは、人権主義の理念に真っ向から対立するユダヤ人虐殺を引き起こした政党の旗であったことが理由です。ハーケンクロイツと旭日旗の歴史的背景はまったく異なります。

旭日旗の源流は当然日の丸です。

日の丸のデザインが初めて歴史に現れたのは私が調べた限りでは、平安末期の京の五条の橋の上での牛若丸と弁慶の出会いのときです。

「牛若丸は飛びのいて持った扇を投げつけて」の歌に出てくる扇は日の丸のデザインです。さらに屋島の戦いの名場面、那須の与一が打ち抜いた平家の軍船の扇も日の丸です（ただし、このときの日の丸は赤地に金）。

日の丸がなぜ日本を象徴するデザインになったかという考察は専門家にゆだねますが、太陽信仰が強かった日本の風土が影響しているように思われます。日本の神様の総代であり古事記にも登場する天照大御神《アマテラスオオミカミ》は太陽そのものです。

日の丸が事実上の日本の国旗になったのは、1854年に薩摩藩の島津斉彬らの進言によって日本船の船印として幕府に採用されたことが切っ掛けです。この年の3月に日米和親条約が調印され、外国船と日本船を区別する必要があったためです。

旭日旗もデザイン的には古来見られるものでしたが、正式に軍旗として使われるようになったのは、１８７０年に陸軍が「陸軍御國旗」として制定したのが始まりとされています。

また、１８８９年には「海軍旗章条例」により、旭日旗が海軍の軍艦旗として制定され、それ以後、海軍の艦艇は船首に日章旗（日の丸）を、船尾に旭日旗を掲げるようになりました。

その伝統は現在の海上自衛隊の艦船旗や陸上自衛隊の連隊旗として使われ続けています。このことに反発しているのは世界中で韓国だけで、アメリカや欧州各国は当然として、中国も冷ややかな目でこの騒動を見ているほどです。

この旭日旗問題は今後の日韓の防衛協力推進に大きな障害になりそうです。アメリカが日韓の関係悪化を懸念している理由もそのあたりにあります。

北朝鮮を睨んだ日米韓の共同軍事演習がやりにくくなるということです。

２０１３年10月10日から２日間、韓国南方沖合で米韓両海軍と海上自衛隊による合同海上訓練が行われました。このニュースをいろいろ調べてみましたが、旭日旗が掲揚されている写真を見つけることはできませんでした。これは韓国の過剰な反発を避けているものと思われますが、旭日旗に異常な反発を見せる一方で共同軍事演習には目をつぶるという韓国のダブルスタンダードには違和感を禁じえません。

ただし、韓国と共催のスポーツイベントなどの会場に旭日旗を持っていくことは差し控えたほうがよさそうです。相手と同じ土俵に立つことで旭日旗の価値を貶めることは得策ではありません。

スポーツの祭典会場に安重根の肖像を掲揚

1909年10月26日、ハルビン駅のホームで日本の初代総理大臣であり朝鮮総督府総監でもあった伊藤博文が安重根に銃撃され、死亡するという事件が起きました。伊藤博文を暗殺した安重根は死刑判決を受け処刑されますが、韓国では英雄となり、1970年には「安重根義士記念館」が建てられています。

最近、サッカーの日韓戦などの会場でこの安重根の巨大な肖像を掲揚するという現象が起こっています。日本にとってはテロリストである安重根の肖像を日本のサポーターやマスコミに向けて掲げるのは非常に挑発的な行為です。

一昔前ならそれだけで充分宣戦布告か外交断絶の理由になります。現代においてももし他の国が同様のことをすれば、ただちに大使の召還、経済その他の協力関係の解除くらいは検討されるレベルのことです。

たとえば、中東の国がアメリカとのスポーツの試合で9・11の首謀者とされるビン・ラディンの肖像を掲げたらどうなるかを想像すればわかります。それを知っていて掲げたのなら極めて悪質な挑発であり、知らずに掲げたとしても非礼の極みです。

旭日旗に対抗して掲げたという理屈をこねているようですが、相手国の総理大臣を暗殺したテロリストと民族の象徴である旭日旗とはまったく次元の違う話です。

国内だけのデモの場合でも本来なら許しがたい暴挙ですが、日本人の観客に向けて掲げるということに関して、日本の政府や外務省が抗議したという話は残念ながら耳に入ってきません。

抗議をしないということは日本に対しては何をしても許されるということを学習させていると言っても過言ではありません。政府関係者や外務省には毅然としてほしいものです。

さらに2013年、新造の潜水艦に対し、「安重根」「金佐鎮」「孫元一」などの抗日テロリストや運動家の名前を命名することなどは、北朝鮮ではなく日本を主敵と見なしているように感じられます。

本来の脅威である北朝鮮をさておいて同じ民主主義資本主義陣営にある日本に対する敵意むき出しの命名は理性と知性の自壊作用に歯止めがかからなくなったと言えます。

慰安婦像設置の問題

慰安婦像が韓国の日本大使館前に設置されたのは2011年12月14日です。さらに2013年8月にはカリフォルニア州のグレンデール市にも設置され、その他の地域にも設置の動きは止まりません。

なかでも日韓関係に決定的な影響を及ぼし大使召還にまで及んだ2016年12月の釜山領事館前の設置がありますが、設置の動きは韓国内の十数箇所に止まらず、2017年6月現在では、韓国国外だけでも設置済箇所として、アメリカ・デトロイト市、ブルックヘブン市、ドイツ・ビーセント市、カナダ・トロント市、オーストラリア・シドニー市などがあります。

ただし韓国の動きに異常さを感じ始めたのか設置の動きもすんなりとはいかず、デトロイト、トロント、シドニーはいずれも完全な公共の場所でなく、韓国人会館敷地内であり、ドイツは候補地選びですったもんだの末に水財団という法人のテーマパーク内（お金を使ったか）に設置されました。

一方、設置許可が下りず撤回、もしくは保留になったところは、アメリカ・ニューヨーク市、ワシントン市、アトランタ市、フラートン市、カナダ・バーナビ市、オーストラリア・ストラスフィールド市などがありますが、もちろんこれらは現地日本人の反対運動も大きな力になっていることも忘れてはならないところです。

過去に自国の婦人が外国軍隊相手の売春婦であったということはできれば秘密にしておきたいと考えるのが普通の感覚ですが、韓国人は反日の材料になるのなら、それぐらいのことは何でもないことのようです。

言い換えれば反日活動こそが民族にとって何物にも優先される最高の正義であり、そのためにはどんなことでもできるということです。

まさしく反日の呪縛に自らががんじがらめに縛られている状態です。

慰安婦像は日本のイメージを大いに損なうものでこれからも厳重な抗議を続けていく必要がありますが、グレンデール市に関しては、アメリカでも設置後に波乱があり、2013年10月12日のMSN産経ニュースは次のように報じています。

「慰安婦像設置は間違っていた」米市長発言　韓国紙は「波紋広がる」と報道

韓国紙、朝鮮日報は12日付で、今年7月に韓国以外で初めて「慰安婦」の像を設置した米カリフォルニア州グレンデール市のウィーバー市長が、「像の設置は間違っていた」と発言して波紋が広がっていると報じた。

　同紙によると、ウィーバー市長は先月、日本のインターネットテレビ「チャンネル桜」のインタビューで、「われわれは蜂の巣を突いてしまった。少女（慰安婦）像を建てるべきではなかった」と語った。市長は「像の設置後、１千通を超す（抗議）メールを受けた」とし、「グレンデールが日本人の最も憎む都市になったことは残念だ」とも述べたという。

　ウィーバー市長は慰安婦像の設置後、市議会議員５人が交代で務める市長に就任。像の設置が決まった議会の投票のさい、５議員のなかで唯一、反対票を投じていた。


このように抗議の声を上げることは無駄ではありません。

　今後、日本はロビー活動に力を入れていく必要がありますが、相手を抱き込み、こちらの都合のいいように動いてもらうようなやり方は避けるべきです。大切なのはオピニオンリーダーや有識者１人ずつに事実関係を丁寧に説明していくことです。

　この方法は時間がかかりますが、金をばら撒いたり、酒を飲ませたりするような形のロビー活動をすれば、かえって足をすくわれることになります。

韓国の主張の大半は嘘と捏造に基いていますから、正義と法の遵守を建前にしているアメリカ人に対し、事実だけをエビデンスをつけて淡々とかつ真摯に説明していけば理解は得られるはずです。

この際に決して忘れてはいけないことは、特にアングロサクソン系は堅調な理論を押し立ててくるタフネゴシエーターには敵であっても敬意を表しますが、腰が引けたり相手の顔色をうかがって譲歩をする相手に対しては敵味方に関係なく軽侮するということです。

要は日本は毅然とした態度で自らの主張を続け、国際世論を味方につけていけばいいのです。

第8章

韓国が「言いがかり」をつけ続けざるを得ない裏事情

ここまで韓国の言いがかりの数々、そしてそれに対する反証を行ってきました。しかし、読者のみなさんの中には「どうして韓国はそこまで言いがかりをつけ続けるのだろう？」という疑問を持たれた方もいるかもしれません。

謝罪や補償を求めているのは確かですが、ここまで徹底的に反日運動を続けているとなると、裏事情のようなものがあるのではないかと考えたくもなります。本章では韓国が言いがかりを続けざるを得ない裏事情を解説していきたいと思います。

建国時の政権の正統性に疑問がある

1948年8月15日、韓国の初代大統領李承晩はアメリカの承認を得て独立を宣言しました。しかし、独立時の政権の正統性はあやふやなものであるというのが事実です。

政権の正統性とは、

①国民にとって極悪な外敵を戦いで打ち破った（少なくとも相当に戦った）

②国民または国民の代表による公明厳正な選挙で選ばれた

という２つのうちのどちらかでしか成り立ちません。

対外的には各国政府が承認すれば政権の正統性は一応成立しますが、国内的には右に示した２つの要件のどちらかを満たさないと「どうしてあいつが」と言われることになります。

当然、それは果てしない内紛の種になり統一的な支持を得ることはできません。

北朝鮮やソ連、中国のように武力で国内の反対勢力を破り政権をとった場合、政権を維持するためには、反対勢力や反対派の人物の排除（投獄や抹殺）をしなければならなくなります。

武力で政権をとった全体主義国家は例外なく国内の大粛清を行っています。武力で政権をとるということはわかりやすく言えば、武力で国民を人質にして国を乗っ取ったハイジャック政権ということになるでしょう。

単にアメリカから政権を下げ渡された李承晩が正統性を主張するためには、どうしても日本を悪者にして、それが事実でなかったとしても日本と戦って打ち破ったというストーリーが必要だったのです。

日本の敗戦直後、1945年8月15日、朝鮮総督府は朝鮮人に統治権を引き渡すべく日章旗をおろし太極旗を掲げることを許可しました。朝鮮の空に36年ぶりに太極旗が翻ったのです。しかし、一夜明けた8月16日、アメリカ軍の指示により一旦あげた太極旗をおろし、再度日章旗を掲揚することになりました。

アメリカとしてはソ連・中国を視野に置いた今後のアジア戦略のために、一時的にも朝鮮半島を統治者のない空白地帯にすることは望ましくなく、日本の施政下にしておく必要がありました。

総督府はいったん朝鮮人に与えようとした統治権を破棄し、その後9月9日までは総督府や官庁、学校、工場に日章旗が翻っていました。

この間、朝鮮の治安は総督府により保たれており、朝鮮人による独立を求めての武力蜂起や抗議はありませんでした。

このときせめて朝鮮人の中から抗議や反対運動でもあれば、多少は正統性にプラスになったのですが一切行われませんでした。

アメリカは統治権を朝鮮人に引き渡すべく独立運動の指導者（宋鎮禹・呂運亨）たちとの交渉を図ろうとしますが、この建国の一番大事なときに内紛を始めてしまい、代表者を決められずにいます。

アメリカは内紛ばかりで代表者を決められない独立運動の指導者たちを見て、朝鮮人に自治能力があるとは思えず、アメリカ軍による軍政を敷くことに決め、施政権をアメリカ軍に引き渡すことを、9月9日に総督府に正式に命じます。

アメリカは3年間、自国の軍による軍政を敷いた後で、1948年8月15日、李承晩に政権を下げ渡しました。彼は朝鮮独立に対して何らかの動きもせず、朝鮮からアメリカに逃げていた人物で、アメリカ人を妻に持っていました。

つまり韓国は、アメリカの軍政から独立したというのが歴史的事実なのです。日本から独立したわけではありませんし、日本が統治権をアメリカに引き渡したのは8月15日ではなく、9月9日です。

しかし、それでは正統性がないということで、日本と戦争をし（彼らの言う50年戦争）日本からの独立を果たしたというストーリーを作り、日本の敗戦日である1945年8月15日を日本からの解放記念日（光復節）としたのです。

すでにこの時点で歴史の捏造が行われています。日本からの解放が光復節というのであれば、光復節は日本が施政権を手放した9月9日にしなければ辻褄が合わないのです。

韓国が光復節としている8月15日は、アメリカからの独立日です（しかも3年遅れ）。正統性を演出するためには、１９４５年8月15日に日本からの解放を勝ち取ったということになにがなんでも押し通すしかなかったのです。

「政権の正統性の致命的な問題（バイタル・マター）」は非常に重要なものですが、どうも日本人には理解が薄いようです。

さすがに李承晩はそのことがよくわかっていたので猛烈な反日宣伝を行います。つまり悪逆非道な日本人を打ち破ったという、ありもしない対日50年戦争まででっち上げて、猛烈な反日運動を展開するしか選択肢はなかったのです。

それでも、１９７０年頃までは、日韓併合時代を肌で経験した人たちもたくさん残っていましたので、その頃韓国を訪れた日本人によると、国交回復前にもかかわらず、なつかしみながら親切にしてくれたり話しかけたりしてくれたようです。

『スカートの風』（角川文庫）などで有名な呉善花さんの著作を見ても、日本統治時代を知っている老人たちはみんな「統治時代は良かった、日本人は親切だった」と言っていたそうです。

韓国が漢字を捨てた１９６５年以降に学齢期を迎えた、いわゆるハングル世代の呉善花さんは徹底的な反日教育を受けていましたので、併合時代を懐かしむお年寄りたちは教養がないから日本人がひどいことをしたということを知らないのだと本気で思っていたということが記されています。

それ以降、日韓併合時代に生きた人がだんだん少なくなり、実態を語る人が少なくなっていくと、政府の反日宣伝をまともに信じて国民をあげて日本を憎むようになります。そして現在に至っているのです。

もちろん今の韓国政権は、国民による選挙で勝ち得た政権ですから政権の正統性にはまったく問題はありません。

しかしながら建国時の独立が、韓国人が自ら戦って獲得したものではないという事実は建国自体の正統性にかかわることなので到底認めることはできないのです。

事実を認めることができないならば、そのときの捏造を守り続けていくしかありません。これこそが韓国の反日運動の根底にあるものなのです。

小中華思想の桎梏

韓国人のメンタリティを理解するためには、かつて冊封国であった中国の中華思想に目を向ける必要があります。

中華思想には国境という概念がありません。したがって自国対外国という概念もなく、中華秩序における天子の統治概念とは天命を受けて、天の覆う限り、地の続く限り天子が統治すべきであるというものです。

つまり世界のすべては天子のもの、中華のものであるということです。ただし、中原から距離が離れるにしたがって中華度は減少していき、逆に夷（バーバリアン）度は増加します。

これが華夷秩序です。つまり万里の長城内は100％中華、そこから離れるにつれて80％中華、50％中華となっていくということです。この解釈は小室直樹博士の見解によるものです。

中華思想の華夷秩序でいくと、大中華に事大する小中華の朝鮮に対し、中華文明に浴することが少ない東夷（東のバーバリアン）である日本は絶対的に韓国の格下であるという考え方があります。

これが日本に対し、劣等感を持たなくてすむ心のよりどころです。そんな格下の日本からの恩恵を認めることは受け入れがたいという心理があります。

没落しボロをまとってはいたが、もともとは高貴な貴族だった自分に対し、昔粗暴だった悪ガキが大人になって暴行をしてきた上、今はそいつから施しを受けているというのは認められないという心境です。

心の平穏を保つためには日本を野蛮なバーバリアンということにしておかなければなりません。この歪んだ中華思想も反日感情を育む１つの要因だと思います。

外交は内政の手段

韓国の政権運営では、内政の不都合を外交に転換することで政権を保とうとする動きがよく見られます。つまり日本に強く出ることで内政の支持を得るということです。この場合、日本に強硬姿勢をとることが大事なのであって、それが事実かどうかは二の次であり、理由はでっち上げてもよいという発想があります。

外交を内政の手段として使うことは近代国家では禁じ手のはずですが、劇薬的に効果があります。しかし副作用も強く、本当に日本の協力が必要なときにも、国民の反対で協力を依頼することができなくなるというリスクを抱えています。

事実、２０１２年7月、韓国にとって国民最大の脅威である北朝鮮に対する日本と韓国合同の対策「日韓軍事情報包括保護協定」も韓国内世論の反対で中止に追い込まれるという一幕がありました。

これらの状況から見てもすでに韓国内の反日は制御の限界に近づいていると言えます。それにもかかわらず近代の歴代韓国大統領を見ても、日韓関係については「就任時は未来志向、末期になると反日」という非常にわかりやすいパターンを踏襲しています。

朴槿恵元大統領に至っては政治基盤が弱いこともあり、就任当時から反日言動を繰り返していました。

歴代大統領の就任時の言葉は左記のとおりです。

全斗煥（１９８０年）

「我々は国を失った民族の恥辱をめぐり日本の帝国主義を責めるべきではなく、当時の情勢国内的な団結、国力の弱さなど自らの責任を厳しく自責する姿勢が必要である」

盧泰愚（１９８８年）

「我々は国家を護ることができなかった自らを反省するのみであり過去を振り返っ

て誰かを咎めたり恨んだりしない」

金泳三（１９９２年）
終始一貫して対日強硬路線を貫く

金大中（１９９８年）
「日韓共同宣言以降は韓国政府は過去の問題を持ち出したりしない、自分が責任を持つ。日王という呼称もやめて以降は天皇の呼称を使用する」

盧武鉉（２００２年）
「私たちはいつまでも過去の足かせに捕われているわけにはいかない」

李明博（２００８年）
「韓国民の三大懸案（歴史、靖国、竹島）を未来志向的解決に向け積極的な努力をお願いしたい」

朴槿恵（２０１２年）

「加害者と被害者という立場は千年の歴史が流れても変わらない」

これは日本が韓国の主張を無条件に受け入れなければパートナーとしては付き合えないという姿勢を強調していることを意味しています。

政権の支持率が落ちてきたときの切り札である反日カードをはじめから切ってきた朴槿恵政権の末路は予想通り八方手づまりで悲惨の一言に尽きます。

文在廣（２０１７年）

この人物に至っては大統領選挙の時点から「日韓合意は朴槿恵政権による屈辱的な合意であり、間違った交渉は必ずただす」を公約として主張し、反日を標榜しなければ戦えない状況になっていました。

さらに、当選した後の安倍首相との電話会談でも「国民の大多数が心情的に合意を受け入れられないのが現状」と伝えていて、国家間の約束イコール国際法であるという国際常識など眼中にないといった態度です。

冷静に考えれば安全保障面、経済、金融、貿易等、国家と民族の利益の観点からは反日政策のメリットは何一つとしてないのは明らかです。為政者としての国際スタンダードの思考からはかけ離れています。

最高権力者である大統領が旗振り役となって進める韓国の反日は、理解し難いものとして我々の目に映ります。そのことで自国の国益を損ねる選択をとることも少なくないからです。

これは中国の反日が、日本の反応を確認しながらどの程度までやれるのかの間合いを計っているのと対照的です。これは日本側の反応を慎重に見極めながら少しずつ態度を強めて、自分の主張の範囲を広げようとする戦略です。

本音では中国も修復不可能な亀裂は求めていないからです。そんな状態になれば中国にとって得なことはないという冷静な理性が働いています。中国の反日を自己の利益を最大限にすることを冷静に考えながら相手をゆすっていくヤクザ型だとすれば、韓国の反日は感情だけのヒステリー型と言えます。

日本の謝罪が引き起こした反日の呪縛

日本に対し不当な要求をしたところ日本が安易に謝罪をし、そのことが追認類似行為として受け止められてしまったという事情があります。

このことで韓国内では不当だったはずの要求が正当なものとして認知され、政権としては国民の突き上げを受ける形で、以降も日本に対して謝罪要求をせざるを得ない状況になりました。これは韓国側だけではなく、日本側にも大きな問題があります。

なぜ、日本がそのような失策をおかしたかと言えば、韓国人が自分たちと同じようなメンタリティを持っていると誤認識したところに端を発しています。

誤認識の例としては以下のようなものがあるでしょう。

・こちらが善意を示せば相手も善意で返してくれるという誤認識
・こちらが一歩譲歩すれば相手も一歩譲歩してくれるという誤認識
・大人の行動とは基本的に損得よりも正義を、好き嫌いよりも合理的判断を優先させるものだという誤認識
・外交やビジネスのようなオフィシャルの場では嘘はつかないものだという誤認識
・自分と同じように相手も約束や条約は守るものだという誤認識
・たとえ悪いことをしても反省しお詫びをすれば許してもらえるという子供の頃から身についた日本の精神風土が相手にもあるという誤認識

・儒教の本質を示す「仁」の中核思想である、口で言わなくてもわかってくれるという惻隠の情を、儒教の地である中国や韓国は当然持っているはずだという誤認識
・誠意をもって経済や技術の援助を行えば仲良くなれるはずだという誤認識

以上の誤認識の背景には、お互いの見解が違った場合、和の精神により相手の立場に立って共通点を見つけ出そうという日本人特有の倫理観があります。この倫理観は日本人同士の場ではうまく機能しますが、日本人以外が相手では機能不全を起こします。日本以外の国では見解が違った場合、お互いがディベートという形で議論を尽くし一致点を見つけ出そうとします。

こうした国際規範から見れば、相手の立場に立った安易な譲歩は先方の見解を認めたというふうにしか受け止められないのは当然のことです。

ここに日本の政府関係者の大きな誤算があり、それを重ねたまま現在に至っています。

誤認識の結果、何度も煮え湯を飲まされてきたにもかかわらず、同じことを繰り返していることは大失策以外の何物でもありません。

外交に限らず、人と交渉するときは相手の考え方を充分に把握して対応することは

基本中の基本です。日本は今外交戦略を大きく考え直さなければならない局面に立たされています。

物を言えない学者たち

現在の韓国は知識人が本当のことを言えないという状況にあります。

本当に歴史を学ばなければならないのは韓国の方だという意見は日本人の中から多く聞こえてきますが、韓国の学者が真摯に歴史事実を研究し発表することは即社会的生命を絶たれてしまうことになります。

これは単に韓国人の感情の問題というだけでなく、国家の法律にも起因するものです。

２００４年に「日帝強占下反民族行為真相糾明に関する特別法（通称：親日反民族特別法）」という法律が制定されました。

これは併合時に、日本に協力していた人たちを「親日派」と認定することを目的としたものです。

韓国で「親日派」と認定されるということは社会的に激しいバッシングに遭うこと

を意味しています。

しかし、これだけにとどまらず、同年12月には「親日反民族行為者財産の国家帰属に関する特別法」という法律が公布されました。

この法律の第１条は以下のように記されています。

> 日本帝国主義の殖民統治に協力し、わが民族を弾圧した反民族行為者が、その当時、蓄財した財産を国家の所有とすることで、正義を具現し、民族精気を打ち立てることを目的とする

つまり、親日派として認定された者の財産を没収し、国庫に入れることができるというものです。法律の制定前の２００２年には国会議員による「民族精気議員の会」が親日派７０８人のリストを公開しています。

他の民主法治国家においてこのようなリストを公開すれば「個人情報保護法の重大な侵害行為及び名誉毀損」ということで、ただちに議員生命が終わるだけでなく、莫大な損害賠償金の支払いを命じられることでしょう。しかし、韓国では大きな問題に

なってはいません。

反日感情に浸る韓国社会でこのリストに記された人の社会的生命がどうなったかは想像に難くないところです。

「親日反民族行為者財産の国家帰属に関する特別法」の実際の適用例として、2009年7月10日のソウル聯合ニュースでは次のように報じています。

> 親日・反民族行為者財産調査委員会の活動期限は委員会設置から4年で、来年の夏に任務が終了する。同委員会はことし2月までに、調査対象者451人のうち77人の土地553万7460平方メートル余りについて国家帰属決定を出した。土地の時価総額は1350億ウォン（約98億円）に達する。

近代法にあるまじき遡及立法禁止の原則を無視した法律ですが、韓国内では支持を集めているようです。

このように法律でさえ「親日派」を断罪する韓国において、学者たちが自国に不利になるような発言をすることがどれだけリスクを伴うことかおわかりいただけると思います。

親日派のレッテルを貼られた例として、李栄薫ソウル大教授は「従軍慰安婦は売春婦であった」という論文を発表したために退職に追い込まれています。

また、日本でもベストセラーになった『親日派のための弁明』（草思社）を書いた金完燮氏は「日本の慰安婦政策は軍人と現地住民に配慮しており、侵略軍でなく解放軍に近い証拠であり日本のヒューマニズムを象徴する」という内容の著書が青少年有害図書に指定され逮捕された上に慰安婦６人にそれぞれ６００万ウォンを支払うよう命令を受けています。

このような例は枚挙に暇がありません。これは韓国において歴史研究が進まないことを意味にしており、韓国から実証的な日韓併合時代の研究発表がなされる可能性は非常に少ないと言わざるを得ません。

つまり、今後も国家ぐるみの日本に対する言いがかりは延々と続くということです。

第9章　今後、どのように付き合っていくべきか？

反日感情はあと100年はなくならない

「政冷経熱」は1990年代に中国経済が活性化し始めた頃から中国が言い出した言葉です。歴史認識を政治問題にするという今の韓国・中国（日本のマスコミも含む）の態度が改まらない限り、政治的には必要最小限の付き合いにとどめおくのが不毛なトラブルを避ける最大の方法です。

これまでお話ししたように、反日問題の根深さは深刻なものがあり、改善の見込みはまったく見えてきません。むしろ悪化する見込みは充分に見えているということです。

戦後70年近くなろうとしているのに中韓の反日感情はますます強くなる一方です。それもそのはずで1945年以前の実体験がない世代に対して、徹底的に反日教育を叩き込んでいる状況では、反日感情を刷り込まれた国民が拡大再生産されていくだけです。

このように幼い頃から反日教育を受けてきた子どもたちが増えていくことを考えれば、少なく見積もってもあと100年は反日感情がなくなる余地はないと見なければなりません。

２０１２年２月には韓国の小売業者６００万人が日本製品の不買運動なるものをやっていますし、２０１３年５月の米韓首脳会談において朴槿恵は北朝鮮対策として日本を外して米中韓の連携を訴えています。地政学的に見れば北朝鮮対策において日本を外せないことは充分わかっているはずですが、自国内世論のためにそのような訴えしかできなかったということです。

中韓の国民が純粋かつ本気で、自国が正しく日本が悪いと思っているということはテレビなどで報道される彼らの表情からも読み取れます。テレビに映し出されるデモ参加者の表情を見ていると、決してならず者が不当な要求をするときのようなグロテスクな表情ではなく、純粋な顔つきをしている人が多いことに気づきます。

反日教育で純粋培養されているだけに根が深いと言わざるをえません。もちろん少数の知識階級や留学組はある程度日本についての正確な認識を持っていると思いますが、前述したように彼らは大きく声を上げることはできません。

韓国の教科書に書いてあること

韓国がどのような反日教育を行っているのかに関心を抱く人もいるでしょう。ここで少し韓国の教科書に目を向けてみましょう。

韓国は「日本の教科書に竹島は日本の領土であると書いてある」と大騒ぎをしますが、日本の教科書に何を書こうと日本の主権の範囲内ですから、韓国が文句をつけるのは内政干渉以外のなにものでもありません。

前述しましたが、もし教科書に書かれている内容が客観的におかしいと主張するのであれば、日本側も韓国側の教科書にクレームをつける権利があることを認めているということになります。

ところが日本政府は韓国の言い分について釈明することはあっても韓国の教科書について異議を申し立てることはしません。

本来は韓国が日本の教科書に異議を申し立ててきたときは反論のチャンスなのです。応戦すれば韓国側が猛烈な反発をすることは目に見えていますが、その場合は客観的な歴史上の事実を国際社会に向けて発信していけばいいでしょう。

『「中国・韓国の歴史教科書」に書かれた日本』（宝島社文庫）という本によると、韓国の歴史教科書には次のような内容が記されています。

①古代日本とのかかわりについて（中学の教科書）

「百済は日本と政治的に喫密な関係を維持したので、三国（高句麗、百済、新羅）中日本文化に一番大きな影響を与えた。近肖古王の時に日本に漢文・論語・千字文を伝えてあげ、武寧王の時には官学と儒教を教えてあげた。続いて聖王のときは仏教を教えてあげその他天文地理暦法などを教えてあげた」

②近代における日本とのかかわりについて（高校の教科書）

「日帝のこれらの憲兵・警察による武断植民統治は世界にその類例のないものであった（中略）我が民族は武力によって生存までが脅威にさらされた」

同テーマ（中学の教科書）

「日帝は国権を奪った直後からいわゆる土地調査事業という名をつけて農民の土

地を申告させた。これは土地所有関係を近代的に整理するという口実で進められた。しかし申告の手続きがややこしくて多くの農民たちは申告をしなかった。日帝が手続きを複雑にしたのは言うまでもなく韓国人の土地を奪い取るための手段にすぎなかった」

③慰安婦問題について（中学の教科書）

「日本人の約20万人の性処理の役割を果たすために韓国人女性が強制的に大規模な慰安所に連行され、慰安婦になることを強制された」

これらの内容についての検証は、今まで述べてきたことと重なりますので繰り返しませんが、これでは子どもたちは客観的な思考法を身につける前に、ひたすら日本に対する憎しみだけを増幅させるであろうことは想像に難くありません。

反日教育の効果はきっちりと表れていて、2011年6月に行われた韓国大手の京郷新聞社によるアンケート調査（韓国の青少年2500人が対象）では、韓国の主敵の1位は、日本、それに続いて、2位北朝鮮、3位アメリカ、4位中国、5位ロシアとなっています。これが将来は韓国を背負っていく青少年の意識です。

反日政策の影響は最近では神社仏閣での器物損壊行為や国際スポーツの祭典でのスポーツマンシップにもとる狼藉にまで及び「反日無罪」どころか反日行為が正義であるかのごとく考える者も出てきて、彼らの暴挙が韓国のネットで拍手喝さいを浴びる有様です。

これまでは日本側も彼らとなるべく仲良くなっていこうと思い外交を行ってきましたが、その結果が現在のねじれた日韓関係そのものです。仲良くしようとすればするほどこじれてきたのが70年の歴史です。メンタリティの違いすぎる隣人との付き合い方はなるべく接触を少なくして、争いの種を作らないようにするしかありません。

しかも、韓国は徐々にアメリカから中国寄りに軸足を移していく空気があります。

２０１２年の日韓軍事協定のキャンセルも、韓国内の反日勢力と中国の圧力があったことは明白です。

かつての事大主義がここにきて復活してきていると考えたほうがよいでしょう。

その背景には輸出依存型経済の対中貿易がアメリカの2倍以上になっていることもあります。つまり貿易で中国から嫌がらせをされたら韓国は生きていけない状況になってしまっているということです。

また、中国とは反日運動での連携ができるという側面もあります。

そんな意味合いもあって、朴槿恵は2015年8月に中国で行われた抗日勝利記念式典に出席していますが、これはさすがに米国からの猛反発を食らいました、その後、挑発を続ける北朝鮮のミサイルに対する備えとして米国の強い要請を受けTHAAD（高度ミサイル防衛システム）の配備を受け入れますが中国の猛反発を受け、制裁措置として韓国への旅行の縮小、在中韓国企業（ロッテ等）の不買運動、韓流コンテンツの輸入規制などで韓国経済は低迷します。

この中国の対応もまことに大人げなく国家としての未熟さを表していますが、韓国のお家芸である二股外交もここへきて破たんを来たしただけでなく両陣営からの信用もなくし、国家運営の危機に瀕している状況です。

確かに地政学的にも大国の狭間で生き抜く手段としての韓国の立場も理解できないわけではありませんが、全ての矛盾のはけ口として反日を使う韓国とは建設的な話し合いができるはずがありません。不毛な摩擦を避けるためには政治的付き合いの距離を置くことが最大かつ最良の対策です。

ただし、民間同士の文化交流などは大いにやればいいと思いますし、経済的な交流も促進させていくべきでしょう。

日韓関係は、政治とビジネスを切り分けて考える局面に来ています。

日中韓の貿易ウェイト

経済人の行動様式はなにかと言えば、合理的思考と答えることができるでしょう。ある商品を購入するかどうかの判断は、スペック、品質、コスト、納期、得意先への信頼性などを合理的に判断することが必要です。

イデオロギーの入る余地がないとは言えませんが、決して多くはありません。

ビジネスの場では国家のことより自分の利益を最大化させることを優先するのは自然なことです。その証拠に２００５年に中韓で全国土を上げて吹き荒れた反日デモの年も、日本から両国への輸出額はむしろ増加しています。

当時は日本製品への不買運動が起こっていましたので、多くの経済専門家は不買活動によって日本経済は大打撃を受けるなどと発言していましたが、とんだ杞憂でした。

また、慰安婦像問題で反日運動が高まった２０１５年以降も韓国人旅行者の訪日人数は増加しています。

参考までに日中韓それぞれの貿易額のウェイトを記しておきます。

日本の国別貿易額ウェイト（2015年）

輸出

1位：米国（20%）　2位：中国（18%）　3位：韓国（7%）

輸入

1位：中国（25%）　2位：米国（10%）　4位：韓国（4%）

中国の国別貿易額ウェイト（2015年）

輸出

1位：米国（18%）　2位：香港（15%）　3位：日本（6%）　4位：韓国（4%）

輸入

1位：韓国（10%）　2位：米国（9%）　3位：日本（7%）

韓国の国別貿易額ウェイト（2015年）

輸出

1位：中国（26％）　2位：米国（13％）　5位：日本（5％）

輸入

1位：中国（21％）　2位：日本（10％）　3位：米国（10％）

以上のように日中韓の経済は抜き差しならないくらいにリンクしています。

2005年の反日デモは経済にほとんど影響を与えませんでしたが、2012年の大規模な反日デモでは一線を越えた気がします。それは日本に対してのみならず、世界中に対してです。

特に中国に関していえば、過激な反日デモの映像は改めてチャイナリスクを世界に認識させることになりました。それが中国からの外国資本の撤退を加速させることになるとしたら今後の経済状況は予断を許さないものがあります。

しかし、中国から東南アジアへと世界経済の基盤がシフトしていくならば、東南アジアに親日国の多い日本にとってみればチャンスと見ることができるかもしれません。ビジネスの観点からいえば、日本は中韓と付き合うことのメリット・デメリットを勘案しながら、最も自分たちの利益となる道を進んでいけばよいでしょう。

貿易額減少の影響は圧倒的に日本より中国・韓国の方が大きい

日本から中国・韓国への輸出品目は90％が機械類、部品類などの中間財です。中間財のウェイトが大半を占めているということは中韓の工場の根幹部分は日本の部品や技術、工作機械などで稼働しているということです。

仮に日本からの中間財の調達がストップすれば瞬時にして韓国の工場の操業が止まってしまうということです。

逆に日本が両国から輸入している品目は、熟練を要せず低賃金でできるローテクノロジーの機械、電子製品、食品・繊維製品などが多く、他にいくらでも代替が可能です。また、国内総生産における輸出依存度は中韓とも日本よりはるかに高く、２０１５年総務省のデータでは、韓国が38％、中国が21％になっています。それに対し、貿易立国であると多くの日本人が思っている日本の輸出依存度は15％しかありません。

ＧＤＰへの影響では対中貿易ウェイト17％×輸出依存度15％＝２・６％にすぎません。しかも中国への輸出がゼロになることはありえませんので実際の影響はコンマ以下です。韓国に至っては対韓輸出ウェイト６％×貿易比率15％＝０・９％にしかすぎません。

実は日本は豊かな国内のマーケットで経済を回している内需型国家であると言える

のです。

政治的な問題が表面化し、経済交流がストップしたら日本は破綻するなどと言う評論家がいますが、貿易が止まったとして、日本と中韓のどちらが困るかといえば、明らかに向こうのほうです。

ただし貿易がストップすれば一部の日本企業にとっては大きな影響が出ることも否定できません。一方、政府間の国交が断絶しても貿易や民間交流の断絶には必ずしも直結はしないことも押さえておく必要があります。台湾とは政府間の国交はありませんが民間での交流は盛んです。

２０１０年の尖閣諸島中国漁船衝突事件の後、中国は報復措置として日本企業の社員の不当拘束やレアアース資源の禁輸などの措置を行いました。

しかし、その結果は国際社会から顰蹙を買ったのみならず、中国産レアアースに代わる新規鉱山の開発や新規素材の開発に世界の目が向いたことで、大きな損失を出しました。以来、中国国内でのレアアース在庫はだぶつき、生産停止鉱山が続出しています。

今後は中国もあんなことはもうやらないとは断言できませんが、かなり慎むことは予想できます。

経済交流がストップすることに対する危機感は中韓のほうが日本よりも大きく持っています。そのことを知れば政治的な摩擦があるからといって、経済状況に大きなマイナスが出るなどと怯える必要もなくなるでしょう。

外交交渉のバックボーンは軍事力

いわゆる進歩的文化人は「本当の防衛力は軍事力などではなく、文化や経済などの民間交流をしっかりすることでお互いの理解と経済的依存度を高めることであり、それができれば戦争は起きなくなる」と口癖のように言いますが、これは本当でしょうか。それが通用するほど国際関係はお気楽なものではないことは歴史が証明しています。

第二次大戦前を見ても欧州では英独仏はそれぞれが最重要貿易相手でした。太平洋を挟んでは日米、特に資源の少ない日本にとってはアメリカが最大の資源依存国（対米輸入依存度　機械類66％、石油80％、鉄類70％）でしたが、一旦主権や領土といったナショナリズムに火がつくと、武力行使に突入してしまうということです。

戦争にまで発展しなくても、現在南沙諸島で、中国、ベトナム、フィリピンなどの各国が揉めているように中国が武力で要求を押し通そうとするようなことは起こります。

今後、中国にもう少し海軍力がつくと尖閣諸島に軍事的アクションを起こすことは充分考えられます。

外交で毅然とした態度をとるためにはバックボーンとしての軍事力は不可欠です。

平和憲法があるから日本が守られていると言う人がいますが、その人は世界の現実を見ていないとしか思えません。日本の治安が守られているのは、自衛隊という防衛力、そして日米安保条約があるからなのです。

「外交とは棍棒を持って静かに話すことだ」とは第32代アメリカ大統領ルーズベルトの言葉ですが、片方の手で握手をしながら、もう片方の手に強力な武器を持っていることを見せつけるのが外交の現場で行われていることです。

日本はこの意識が欠けているとしか思えません。

中国が毎年10％以上のペースで軍事費を増加させている一方、日本の軍事費はほぼ横這いです。民主党政権に至っては軍事費を削ろうしている有り様でした。これでは誤ったメッセージを相手に送ることになります。

無駄に軍事費を増やすことはいいことではありませんが、ある程度のボリュームを確保しておくことは必要です。

日本の政治・外交力量の構造的欠陥

日本は世界の国々から次のように揶揄されることがあります。

「経済一流、政治は三流、外交は五流」

右の評価はもとより客観的なものではありません。

しかし、実感としては当たらずとも遠からずというところです。

現在の日本の政治家は個人の資質として本当に無能なのでしょうか。

個々の政治家の経歴を見ると、学歴1つをとっても平均的日本人より能力が劣っているとは思えません。むしろかなり優秀な部類に入ります。

個人個人の資質は海外の政治家と比べてもそれほど劣るはずがありません。

「日本人はうちにこもって技術を追求して物を作ることには向いているが、外に向かって人間相手の政治や外交をすることには向いていない」という声がありますが、私はそうは思いません。

日本人が内向きの能力しかないのであれば明治以降、現在に至るまで大勢の商社マンや企業の営業マンが世界を股にかけて活躍していて、しかも実績を上げていることへの説明がつきません。

では、なぜ内政はいつもまとまりに欠け、外交は相手国にしてやられっぱなしなのでしょうか。

最大の原因は日本の首相をはじめとする閣僚たちの在任期間があまりにも短いことにあると思います。民間の企業でも、今までに経験のない新規部署に配属されることは日常茶飯事です。

しかし、その場合、どんなに優秀な人でも新規部署で実力を発揮しベテランと呼ばれるまでには、最短でも4～5年はかかります。

ベテランという言葉の定義は人によってさまざまですが、私は「勘働き」ができる人だと思っています。

勘働きをするには自分が担当している仕事を完全に把握し処理できる能力と、関連部署との人間関係構築や各部署の役割機能を知っていて、新しい案件が入ってきた場合は即座に、この案件はどの部署のだれだれと自分のセクションのだれだれをどの技術で組ませることができるのかを判断する采配能力が必要です。

このような仕事ができるようになるには相応の時間がかかります。

次のデータは主要国の首長の過去6年間の在任期間比較です（2013年12月現在）。

アメリカ　～2009年　ブッシュ　2009年～2017年　オバマ
　2017年～年現在　トランプ
イギリス　～2007年　ブレア　2010年～2016年　キャメロン
　2016年～現在　テリーザ
フランス　～2007年　シラク　2007年～2012年　サルコジ
　2012年～2017年　オランド　2017年～現在　マクロン
ドイツ　2005年～2017年現在　メルケル
中国　～2012年　胡錦濤　2012年～現在　習近平
韓国　2013年～2017年　朴槿恵　2017年～現在　文在寅
日本　～2008年　福田　2008年～2009年　麻生
　2009年～2010年　鳩山　2010年～2011年　管
　2011年～2012年　野田　2012年～現在　安倍

第二次安倍政権が始まる前までは、日本の首長の在任期間は平均して1年と少ししかありません。これではどんなに優秀な人でも複雑な内政や海千山千の海外の首長相手に満足な仕事ができるはずがありません。

外交にしてもサミットなどでは海外の首長同士は人間関係ができていて親しげに談笑しているのに、日本の総理大臣だけは初対面のハンディもあり、談笑に参加することができません。くわえて英語が不自由なこともあり、いつも1人でさみしそうにしています。

また、海外の首長からしてみても、どうせ日本の総理はすぐに変わってしまうのだから付き合いを深めておく必要はないなどという判断が働いている側面もあります。

日本ではコップの中の政争を勝ち抜いてきたかもしれませんが、国際的に見れば、首長としては一年生にすぎないのです。これでは海外のベテラン首長と外交の駆け引きをしても勝負になるはずがありません。駆け引きの加減がわからずに自分の主張を満足にすることができないまま終わるに決まっています。

現在の安倍政権は国会のねじれ問題も解消し、長期政権を運営しています。このような状況になれば海外の首長たちも安倍内閣の行く末に関心を払うことになります。日本としては関係性を深めるチャンスであると言えます。

しかし、これはたまたま今そうなっているだけで構造的な問題は解決していません。前述したように自民党政権のときも小泉政権後は約1年スパンで次々に総理大臣が交代しました。いつまた同じような状況になるかわかりません。

一時期、首相公選制の是非が話題になったことがありました。統治機構の在り方はその国に根ざしたものであり、簡単に取替えのきくものではありませんが、首長が目まぐるしく変わり、国際社会からまっとうな首長として認められない状況は改めていかなければなりません。

あとがき
――出版の動機について

韓国の近代史において国家の存亡にかかわる国土、人命、財産に対し最大の破壊と惨禍をもたらした事件は朝鮮戦争であり、それを引き起こした国はソ連の後押しを受けた北朝鮮と中国です。

朝鮮戦争によって国土は焦土と化し、文化的文物やインフラもほとんど壊滅、人命も100万人以上（正確なことは不明）が失われています。

日本は韓国を西洋の概念で言う収奪を目的とした植民地占領でなく韓国を日本並みにしようとして（内鮮一体、一視同仁、皇民化）併合しましたが、それは必ずしも韓国人全員が希望したものでなかったことは事実です。しかし結果として韓国の近代化に貢献したことも紛れもない事実です。

ソ連の後押しで38度線を一方的に越えて戦争を仕掛けてきた北朝鮮とそれを支援した中国軍の行動は韓国の国土、財産、文化、人命を破壊しただけで、韓国にとってプラスになったものは一切ありません。

本来ならやっと数千年来の念願である独立建国をはたし、ようやく建国の緒に就いたばかりの国土を完膚なきまでに破壊されたのですから、それに加担した外国であり異民族である中国に対しては恨み骨髄に徹していてもおかしくありません。しかしながら現代の韓国は中国に対しては反中感情をぶつけることはほとんどありません。

もちろん実生活の現場レベルでは韓国と中国の間ではトラブルは少なからず発生しているようですが国家もマスコミも反中キャンペーンを張ることはなく、むしろ連携して反日政策を進めている感もあります。

ただし、これを韓国がけしからんと言うだけでは何も解決にもならず建設的だとは言えません。この本の出版の動機もそこにあります。

韓国が中国に対してではなく日本に対して終わることのない反感をぶつけてくるには当然なにか理由があるはずです。

この本の主題は韓国が理不尽な反日行動をとり続けなければならなくなった民族的・国家的心理的メカニズムとその背景を解明し理解した上で是は是、非は非として事実を検証することにあります。

日常のビジネスでもお客様からクレームがあった場合はいきなり謝ったり補償をするのではなく、まず事実関係を精査することから始めるのが常道です。

韓国からのクレームに対してもいきなり謝るのではなく、相手の言い分について事実関係を明確にし、その上で謝るべきは謝り、事実でない部分は冷静に事実と違うことを説明することでしか真のクロージングにはなりません。

基本的に性善説で相手の身になって考えることが身についている日本人は必ずしも自虐史観を持っていなくても、相手があんなに怒っているのだから日本も悪いところがあるのではないかと心を痛めている人も少なくないと思いますが、その心の痛みをとるためにもまずは事実確認が必要です。

事実確認をしない感情論からは堂々巡りの空理空論しか生まれません。

本書が読者諸氏にとって事実関係のご理解の一助になり、不要な贖罪意識の払拭に資することができれば幸甚です。

検証を正確にするためになるべく裏づけとなるエビデンス（証拠）を重視したために若干煩雑になった箇所があったことをお詫びいたします。

なお原稿の完成までに編集長の本井氏より多大のご指導を戴いたことを衷心より感謝いたします。

２０１７年７月　宮越秀雄

主要参考文献

『詳説日本史図録』詳説日本史図録編集委員会編纂（山川出版社）
『地図・図録・年表日本史』笠原一男（山川出版社）
『戦争の日本近現代史』加藤陽子（講談社）
『マクロ経営学から見た太平洋戦争』森本忠夫（ＰＨＰ研究所）
『昭和史の教訓』保阪正康（朝日新聞社）
『ドキュメント太平洋戦争への道』半藤一利（ＰＨＰ研究所）
『朝日新聞が報道した「日韓併合」の真実』水間政憲（徳間書店）
『韓国が「反日国家」である本当の理由』崔碩栄（彩図社）
『ひと目でわかる日韓・日中歴史の真実』水間政憲（ＰＨＰ研究所）
『もっと知りたい　データが語る日本の歴史』歴史教育者協議会（ほるぷ出版）
『韓国は日本人がつくった』黄文雄（徳間書店）
『韓国の悲劇』小室直樹（光文社）

『韓国の呪い―広がるばかりの日本との差』小室直樹（光文社）
『韓国の崩壊―太平洋経済戦争のゆくえ』小室直樹（光文社）
『小室直樹の中国原論』小室直樹（徳間書店）
『反日に勝つ「昭和史の常識」』渡部昇一（WAC）
『ある憲兵の記録』朝日新聞山形支局（朝日新聞社）
『親日派のための弁明』金完燮（草思社）
『誰も語れなかった沖縄の真実』惠隆之介（WAC）
『沖縄に内なる民主主義はあるか』又吉康隆（ヒジャイ出版）
『よくわかる世界史』鶴間和幸（学研教育出版）
『決定版「中国・韓国の歴史教科書」に書かれた日本』別冊宝島編集部（宝島社）
『論語』久米旺生（徳間書店）
『孟子』今里禎（徳間書店）
『儒教とは何か』加地伸行（中央公論社）

彩図社の好評既刊本

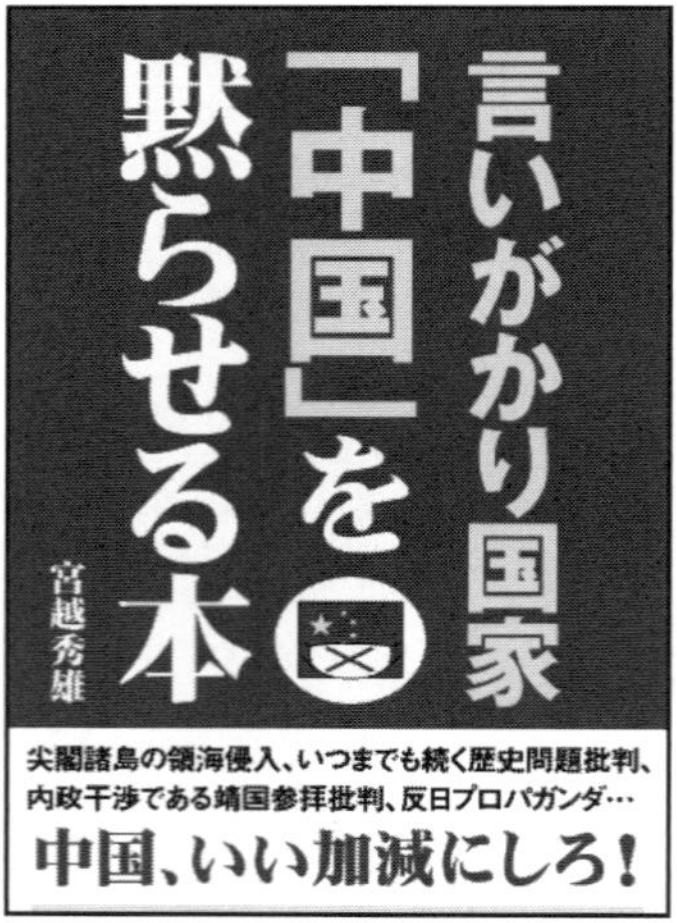

言いがかり国家「中国」を黙らせる本

宮越秀雄 著
ISBN978-4-8013-0026-2
定価：本体 1200 円 + 税

中国の増長はとどまることを知らない。尖閣諸島近海への領海侵入、他国を巻き込んだ日本批判、国内で繰り広げられる反日プロパガンダ……。本書では、歴史認識問題から、靖国参拝問題、尖閣諸島問題などの項目を取り上げ、中国の言いがかりへの反論を展開する。

著者紹介
宮越秀雄（みやこし・ひでお）
慶應義塾大学商学部卒業後、森下仁丹㈱に入社。主としてマーケティング部門（営業、営業企画、商品開発等）を経験。2002年退社、その後、総合食材宅配フランチャイズ本部のコールセンターの立ち上げとコールセンター長としてその後の運営に携わる。
９年間で数百件のクレームに応対するも全てクロージングに持ち込む。この間に類型別クレーム対応の本質を体系化。2011年に契約満了の為退社、その後マーケティングコンサルタントとして活動している。
著書：『武士語事典』（明窓出版）、『世界今昔ジョーク集』（ＧＦ―ＲＡＹ　ＤＣ　ｉｐｈｏｎｅアプリ、電子書籍）、『賢い大人の言い回し・啖呵の呼吸に学ぶ切り替えし術』（ごきげん出版・電子書籍）、『言いがかり国家「中国」を黙らせる本』（彩図社）、以下は江戸川大介のペンネームにて、『接客ほど素敵な商売はない』（表現社出版販売）、『モンスタークレーマーとの死闘39連発』（表現社図書）

言いがかり国家「韓国」を黙らせる本

平成29年8月15日　第1刷

著　者　宮越秀雄

発行人　山田有司

発行所　株式会社　彩図社《さいずしゃ》

〒170-0005　東京都豊島区南大塚3-24-4 ＭＴビル
TEL:03-5985-8213
FAX:03-5985-8224

印刷所　新灯印刷株式会社

URL：http://www.saiz.co.jp
Twitter：https://twitter.com/saiz_sha

 ISBN978-4-8013-0245-7 C0131

本書は2014年２月弊社より刊行された同名の単行本を再編集の上、文庫化したものです。